City Live Photography

Jürgen Winkels

City Life Photography

Ein Begleitbuch zu meinem Seminar über die Straßenfotografie

Bibliografische Information der Deutschen Nationalbibliothek:

Die Deutsche Nationalbibliothek verzeichnet diese Publikation in der Deutschen Nationalbibliografie; detaillierte bibliografische Daten sind im Internet über http://dnb.dnb.de abrufbar.

Illustration: Jürgen Winkels

Herstellung und Verlag: BoD – Books on Demand, Norderstedt

ISBN: 978-3-7460-3151-4

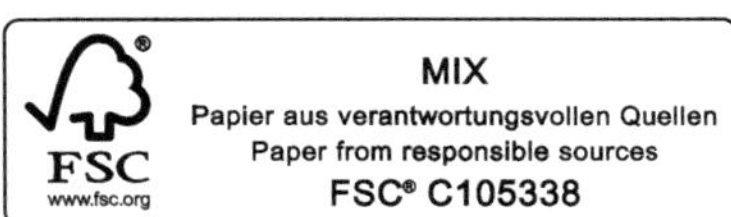

Inhaltsverzeichnis

Vorwort

Nichts ist lebendiger und spannender als die Straßenfotografie. Nichts ist schwieriger als gute Straßenfotografie.

Was in meinen Augen Straßenfotografie ist und wie man sie angeht, habe ich in diesem kleinen Buch niedergeschrieben.

Dieses Buch ist ein Begleitbuch zu meinem Seminar über die Straßenfotografie. Es umfasst die gesamte Theorie, die während des Seminars besprochen wird und enthält auch einige Tipps für die praktische Umsetzung. Somit können Sie alle Themen und Diskussionen des Seminars entspannt nochmals nachlesen und vertiefen.

Dieses Buch hat nicht den Anspruch, ein umfassendes Werk für das Selbststudium zu sein. Dennoch bietet es auch für Personen, die mein Seminar nicht besucht haben den einen oder anderen Tipp.

In diesem Sinne möchte ich Sie für die Straßenfotografie begeistern und wünsche viel

Spaß bei der Lektüre und vor allem bei der Straßenfotografie selbst.

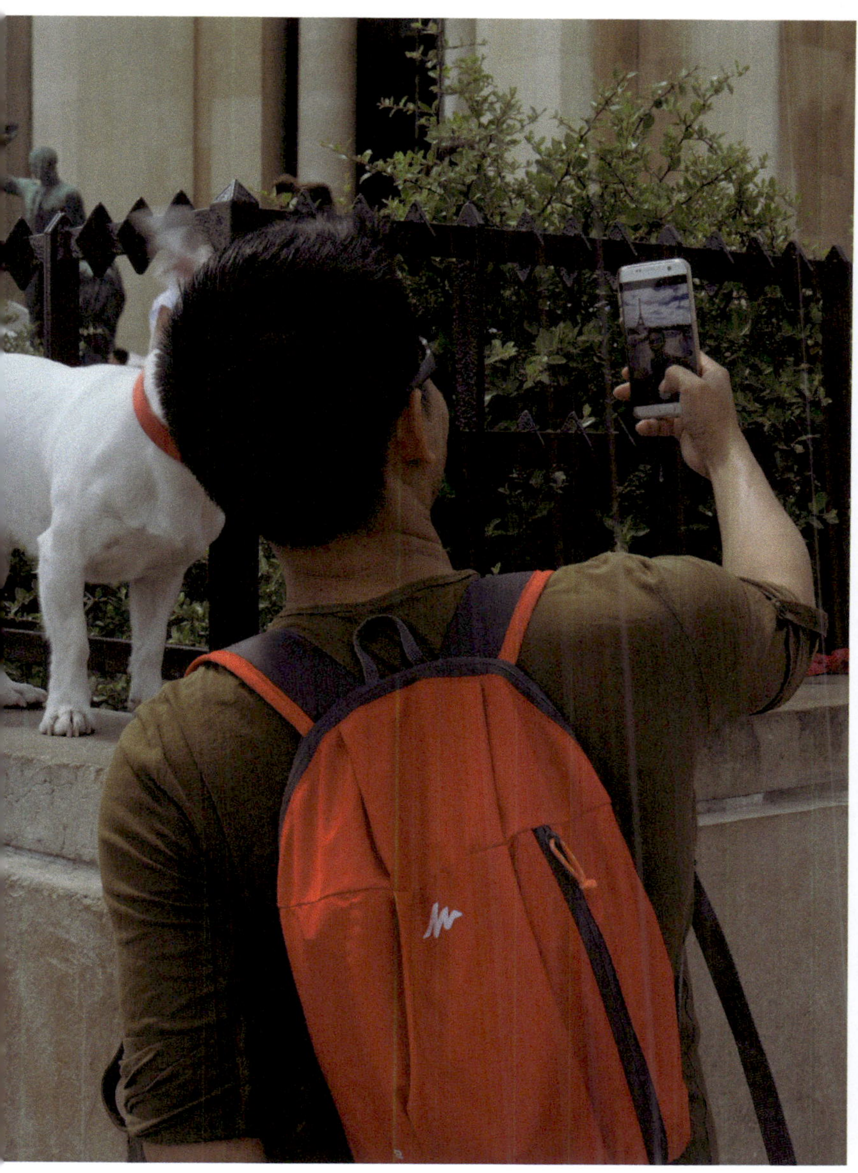

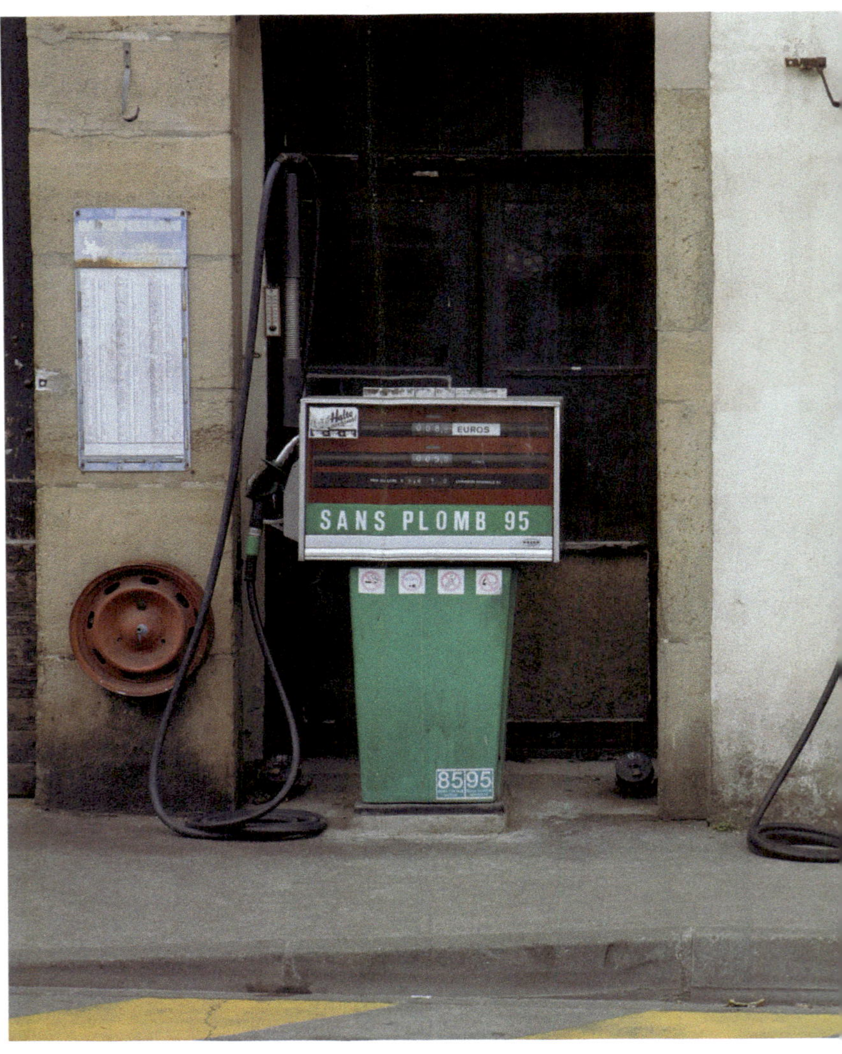
EUROS
SANS PLOMB 95
8595

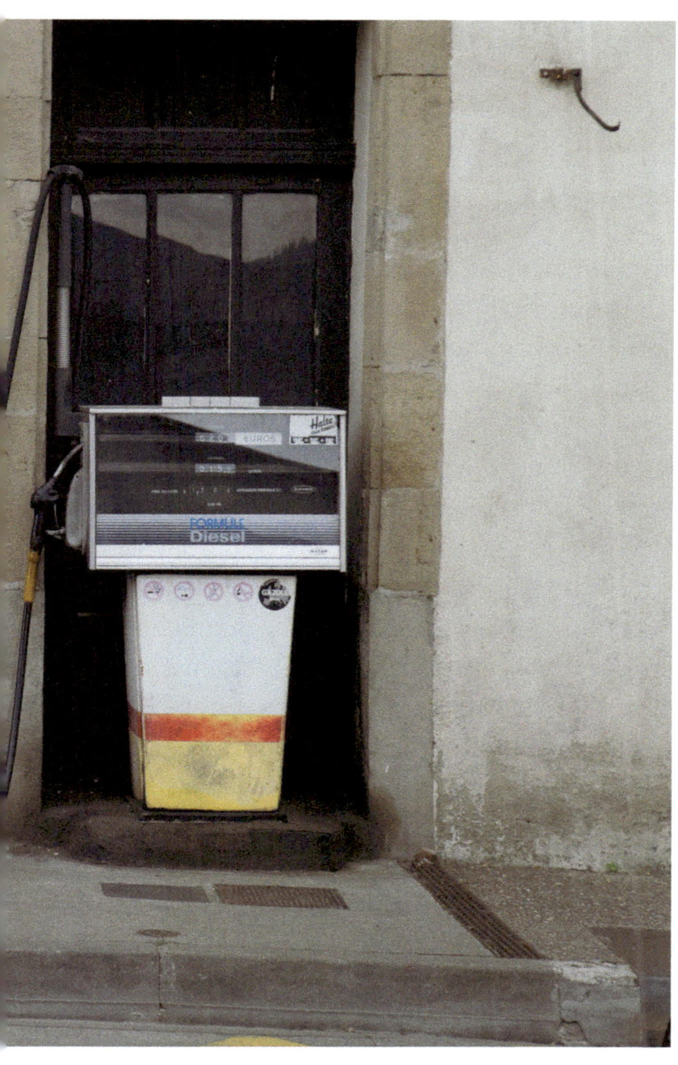
EUROS
FORMULE
Diesel

Straßenfotografie

50 % der Weltbevölkerung lebt in Städten – 2050 werden es 70 % sein.

Menschen streben in die Städte, um dort ihren Lebensunterhalt zu verdienen. Sie haben dort ihren Beruf, ihren Lebensmittelpunkt, verkehren von ihrer Wohnung zur Arbeitsstätte und suchen Orte für die Freizeit. Das Leben in allen Facetten tummelt sich im urbanen Umfeld. Insofern ist die Straßenfotografie natürlich nicht auf Großstädte und Metropolen beschränkt, jedoch finden sich in Metropolen mehr Facetten des Lebens, als in beschaulichen Ortschaften. Einwohner großer Städten sind gezwungen Arbeitsleben und Freizeitleben gleichwohl in der Stadt zu verbringen. Die Städte haben sich längst angepasst. Die Arbeitsstätten sind nicht mehr schmutzige Kolosse der Schwerindustrie, sie sind vielmehr moderne und attraktive Gebäude, oftmals in ansprechender Architektur gestaltet, die das charakteristische Wesen der Städte prägen. Sie beherbergen unzählige Arbeiter in oftmals uniformen Look, mit dem Ziel Arbeit zu verrichten, deren Ergebnis man als stiller Beobachter nicht erkennen kann. Die Anreise zu diesen Arbeitsstädten ist nur schwerlich möglich. Hektischer Verkehr mit dem privaten PKW in überfüllten Straßen oder gedrängte Fahrten in Stadtbahnen oder Bussen. Für viele ist eine kurze Distanz zwischen Arbeitsplatz und Wohnung eine sinnvolle Lösung. Arbeitsplatz und Wohnort finden sich immer näher beieinander. Auf dem Weg zur Arbeit erwächst eine dichte Gastronomiestruktur und bietet alles vom schnellen Kaffee zwischendurch bis interkulturellen Imbiss.

Hart arbeiten - hart feiern!

Passend zur intensiven Arbeit in modernen Bürokomplexen wird alles Erdenkliche für die Freizeit geboten. 24/7 Fitness, After-Work-Party, Kurz-Massage am Flughafen. Der Mensch verändert sich, sein Leben ist nicht mehr so deutlich in Arbeit und Freizeit getrennt wie zu unserer Väter Zeiten. Das Leben wird digital. Die schnell verfügbare Information, der spontane Konsum. Die Städte müssen sich gleich schnell verändern, um jetzt und in Zukunft den bedarfsgerechten Lebensraum zu bieten. Historisches trifft auf Modernes. Verstaubtes trifft auf Hochglanzpoliertes! Alt triff auf neu.

Was uns in der Straßenfotografie bewegt ist der Mensch und was er tut. Wie er es tut, wo er es tut und womit er es tut. Wir interessieren uns für den Menschen und sein Umfeld. Wir interessieren uns für die spontane Situation und auch für den Wandel, der uns in großen Städten sehr plastisch begegnet.

Straßenfotografie ist keine Porträt-Fotografie!

Wir fotografieren Menschen – das ist natürlich Porträt-Fotografie. Es geht aber um den spannenden Charakter in der Stadt oder um die spannende Situation. Es geht nicht darum eine beliebige Person oder gar ein Model zu fotografieren und irgendeine Scheinwelt entstehen zu lassen.

Straßenfotografie ist keine Architektur-Fotografie!

Es ist etwas anderes, eine Person zu fotografieren, die sich hektisch durch enge Straßenschluchten bewegt oder ein Tor zu fotografieren, durch das gerade ein Passant schreitet. Straßenfotografie setzt den Menschen, sein Handeln oder Spuren seines Handelns in den Mittelpunkt. Straßenfotografie setzt nicht die Architektur in den Mittelpunkt.

Ich rate jedem Fotografen und auch jedem aufmerksamen Mitbürger, sich geduldig beobachtend ins städtische Geschehen zu begeben und zuzusehen, welche interessanten Menschen bemerkenswerte Dinge tun. Welche Spannung im Detail entsteht und wie unterschiedlich die Wahrnehmung gleicher Situationen sein kann.

Vor diesem Hintergrund ist es klar, dass Städte auch uns Fotografen anziehen, um dort Aufnahmen über das Leben zu machen. Kein zweites Genre der Fotografie ist einerseits von einer so langen Geschichte geprägt und andererseits aktuell und beliebt wie nie. Zeitgleich ist die Straßenfotografie eins der schwierigsten Gebiete fotografischen Schaffens überhaupt.

Wehret der Mittelmäßigkeit!

Wie bei allen anderen Bereichen der Fotografie gelten alle Grundsätze der Bildkomposition in gleichem Maße. Mit dem Unterschied, dass die Elemente der Komposition flüchtig sind. Das ist aber nicht das Problem, sondern die Herausforderung! Und es gibt eine zweite Herausforderung. Es sind die Protagonisten, die uns interessieren. Es bedarf einer gewissen Unverfrorenheit, diese Personen mit in die Bildkomposition einzubeziehen. Fehlt dazu der Mut, sollte am fehlenden Mut optimiert werden. Ein Bild, auf dem der Protagonist möglichst unauffällig hineingemogelt wird, wird schwerlich die Bildaussage transportieren können.

Durchdachte und präzise Bildkomposition ist ein unbedingtes Muss!

Natürlich gelten auch alle handwerklichen Anforderungen – zum Beispiel die Auswahl der Belichtungszeit und der Blende. Gerade bei Aufnahmen im abendlichen Dämmerlicht oder nachts mit Straßenbeleuchtung ist es wichtig, dass der Fotograf nicht nur das fotografische Handwerk beherrscht, sondern auch sicher seine Kamera bedienen kann. Aber auch hier gilt, dass das Motiv oftmals flüchtig ist und für die handwerkliche Umsetzung des Fotos nur ein kurzes Moment verbleibt.

Die Motive der Straßenfotografie ergeben sich spontan. Viele Gegebenheiten ergeben sich aus Zufällen. Aus dem zufälligen Aufeinandertreffen verschiedener Ereignisse.

Der Begriff der Straßenfotografie ist dabei irreführend. Wir fotografieren nicht die Straße. Wir fotografieren das Leben auf der Straße. Aus diesem Grund möchte ich hier den Begriff City Life Photography prägen.

City Life Photography beschäftigt sich mit dem Leben oder den sichtbaren Spuren des Lebens in Städten.

Das Leben ist schon da, die Spuren des Lebens liegen zum Teil unverkennbar vor. Wir befassen uns damit, wie man solche Motive findet und wie man sie fotografisch sicher umsetzt.

Ein spannendes Motiv in der digitalen Dunkelkammer zu perfektionieren ist nicht das Zentrum unserer Betrachtung. Straßenfotografie ist keine Fine Art Fotografie. Die Kunst ist weniger die handwerkliche Umsetzung, als vielmehr das „SEHEN" des spannenden Motivs. Wir beschäftigen uns in der Hauptsache mit dem Sehen des Motivs und dem Gespür für spannende Motive.

Die Straße ist die Bühne!

Der liebe Gott – und natürlich die Städtebauer dieser Welt – haben uns die Kulisse bereits gestaltet. Das Bühnengemälde mit dem Hintergrund ist vorhanden, sowie alle Gestaltungselemente ebenfalls.

Hier gilt es, ein spannendes Ambiente in aller Ruhe zu finden. Eile und Hektik brauchen wir dazu nicht.

Die Bühnenbeleuchtung wird ebenfalls zentral gesteuert. Ob die Sonne scheint, es laternenbeleuchtete Nacht ist oder sogar regnet, entscheiden wir nicht. Allerdings können wir aktiv und aufmerksam auf einen geeigneten Zeitpunkt warten.

Was nun noch fehlt, sind unsere Schauspieler. Und dazu gibt es kein Drehbuch. Die Handlung ergibt sich spontan und ist doch mitunter vorhersehbar.

Straßenfotografie gibt es zu jeder Jahreszeit, an jedem Tag, zu jeder Tageszeit und auch bei jedem Wetter. Ob es Sommer ist oder Winter – ob Tag oder Nacht – jede Zeit hat ihrer typischen und besonderen Momente. All diese Momente sind für uns Straßenfotografen wertvoll. Es gibt keine Auszeit für den Straßenfotografen. Oftmals müssen wir sogar gezielt zu einer bestimmten Zeit oder bei einem bestimmten Wetter fotografieren, um die Szene, die wir suchen, zu finden.

Wer Angst vor Regen hat, spielt nicht mit!

Tageszeit und Wetter sind eine Herausforderung an das fotografische Handwerk.

Etwas Besonderes

Die Straße gibt uns die Bühne und die Schauspieler spielen ihre eigene Rolle in einem

Drehbuch, das uns nicht bekannt ist.

Nun wollen wir natürlich nicht einfach nur die Straße mit ihren Passanten fotografieren. Als Fotograf erleben wir etwas, das uns als besonders erscheint. Wir sehen und fühlen etwas auf das wir hinweisen wollen. So etwas kann gegenständlich oder immateriell sein. Es ist das Objekt oder die Situation, der Moment oder das Umfeld.

Und da es uns um das Leben geht, sind Stimmungen und Gefühle von elementarer Bedeutung.

City Life Photography interessiert sich für die besondere Atmosphäre und Stimmung.

Und genau das ist die Herausforderung. Es gilt, mit gutem handwerklichen Können, diese Stimmungen mit dem Foto zu transportieren. Für diesen Zweck ist weniger die rein formale Darstellungsebene einer Fotografie wichtig, als vielmehr die nicht materielle Bedeutungsebene. Hier geht es darum, wie gut der Fotograf seine Empfindungen, die ihn zur Aufnahme veranlasst haben, vermitteln kann.

Der besondere Moment

Wir kennen das Drehbuch nicht. Im Zufall ergeben sich Situationen, die etwas Besonderes sind. Ein Kind schnürt die Schuhe und bringt die Familie zum scheinbaren Erstarren im hektischen Umfeld.

Aber was macht den Moment zu einem besonderen Moment? Es ist genau die Situation, die sich scheinbar zufällig ergibt und dennoch auf eine typische Gegebenheit hinweist.

Oder genau der Moment, der aus dem Schema herausfällt und aus der typischen Monotonie herausbricht und dadurch einmalig wird.

Um das Besondere zu erkennen, müssen wir Fotografen ein klares Bild von dem haben, was normal und typisch ist.

City Life Photography interessiert sich für den besonderen Moment oder lässt etwas Normales wie etwas Besonderes aussehen.

Vier Dimensionen der Straßenfotografie

Menschen

Straßenfotografie beschäftigt sich mit dem Leben in den Städten. Das sind zunächst alle Lebewesen, der Mensch, der Hund, die Katze, die Vögel und was uns sonst im urbanen Umfeld begegnet. Wir Straßenfotografen suchen nach interessanten Menschen oder vielmehr noch nach Menschen, die interessante Dinge tun. Es ist das Handeln des Menschen, das eine Situation spannend macht. Ich weiß nicht, ob es jemals ausgewertet wurde aber wahrscheinlich zeigen die meisten Fotos in der Straßenfotografie Menschen.

Urbane Stillleben

Viele Straßenfotografen vertreten die Meinung, dass Fotos Menschen zeigen sollten. Ich selbst grenze das nicht so konsequent ab. Nicht nur die Lebewesen selbst zeigen das Leben. Wir hinterlassen Spuren. Auch diese Spuren bieten eine Vielzahl interessanter Motive für die Straßenfotografie. Und tatsächlich ist es oftmals das urbane Stillleben, das unterschiedlich offensichtlich auf ein Handeln hinweist, das besonders spannend ist.

Für den Anfänger ist es oftmals auch ein einfacher Einstieg in das Genre. Oftmals ist mehr Zeit für eine Aufnahme vorhanden, sodass mehr Zeit für die fotografische Umsetzung zur Verfügung steht. Wichtiger aber noch wird die Tatsache sein, dass keine Personen mit in die Bildkomposition einbezogen werden müssen.

Dokumentation

Die - aus meiner Sicht echte - Straßenfotografie dokumentiert. Sie zeigt das, was sich zufällig und tatsächlich ergibt. Nur der Zufall - die sich zufällig ergebenden Situationen - zeigen das echte Leben und stellen die wirklich interessanten Moment dar.

Inszenierung

Eine rein dokumentarische Straßenfotografie bringt immer das Problem des flüchtigen Moments mit sich. Wichtiger noch ist, dass für eine Veröffentlichung des Bildes keine Rechte verletzt werden dürfen. Und das ist in der Dokumentation schwierig zu realisieren. Für viele, auch für sehr bekannte Fotografen, ist es auch legitim, spannende Situationen zu inszenieren. Das heißt im Klartext, dass der Fotograf sich eine Situation vorstellt oder auch eine einmalig beobachtete Situation nachstellt. Für eine gute handwerkliche Abwicklung kann nun mit künstlicher Beleuchtung und anderen Hilfsmitteln gearbeitet werden. Zur Vermeidung rechtlicher Probleme werden bei solchen Inszenierungen Models engagiert.

Bequem für den Fotografen sei dennoch die Frage gestattet, inwiefern inszenierte Szenen authentisch sind.

Normalerweise sehe ich die Straßenfotografie als eine Bühne, wo die Kostüme und das Bühnenbild bereits fertig sind. So muss ich nur noch warten, bis der Protagonist die Szene kreuzt.

- Siegfried Hansen

Meine Bilder sind nicht notwendigerweise schön aber sie zeigen wunderschöne Momente des urbanen Dschungels.

- Markus Hartel

Es gibt eine verlockende, asymptotische Konvergenz zwischen Realität und Foto, aber die beiden scheinen nie zusammenzukommen. Ein Bild sieht aus wie die Realität, aber es ist völlig abstrakt.

- Richard Kalvar

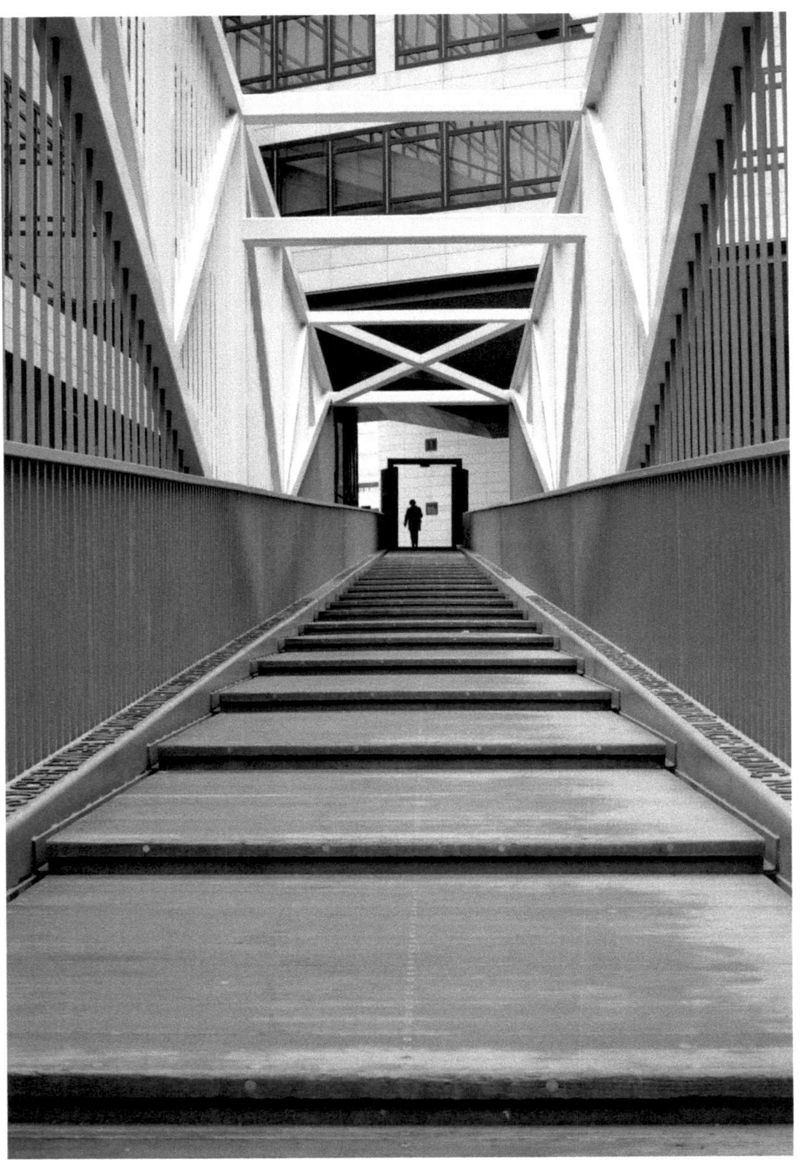

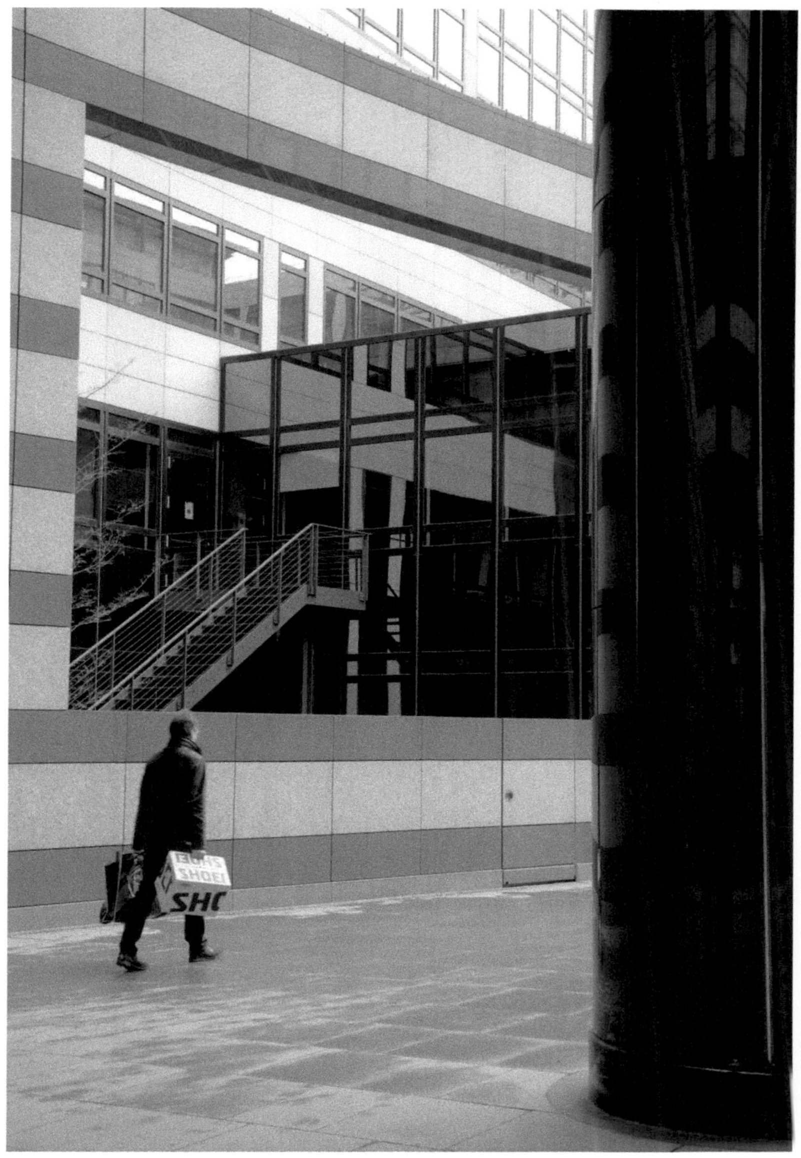
SHOEI

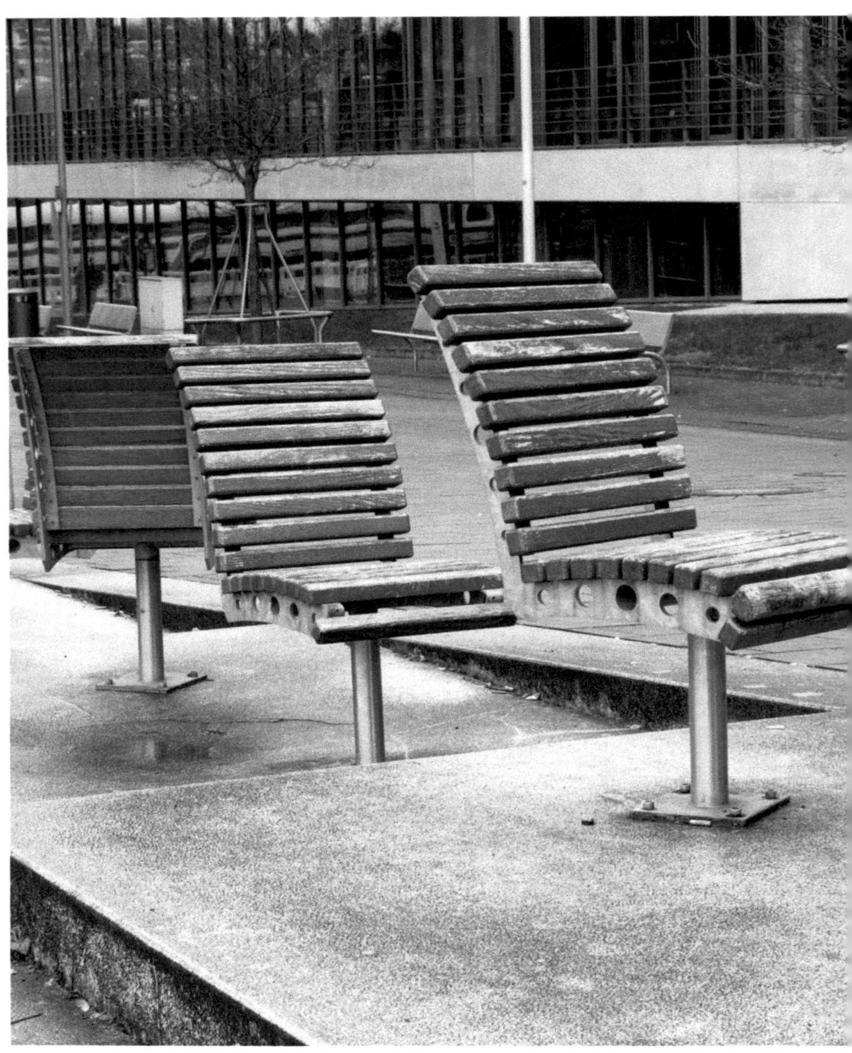

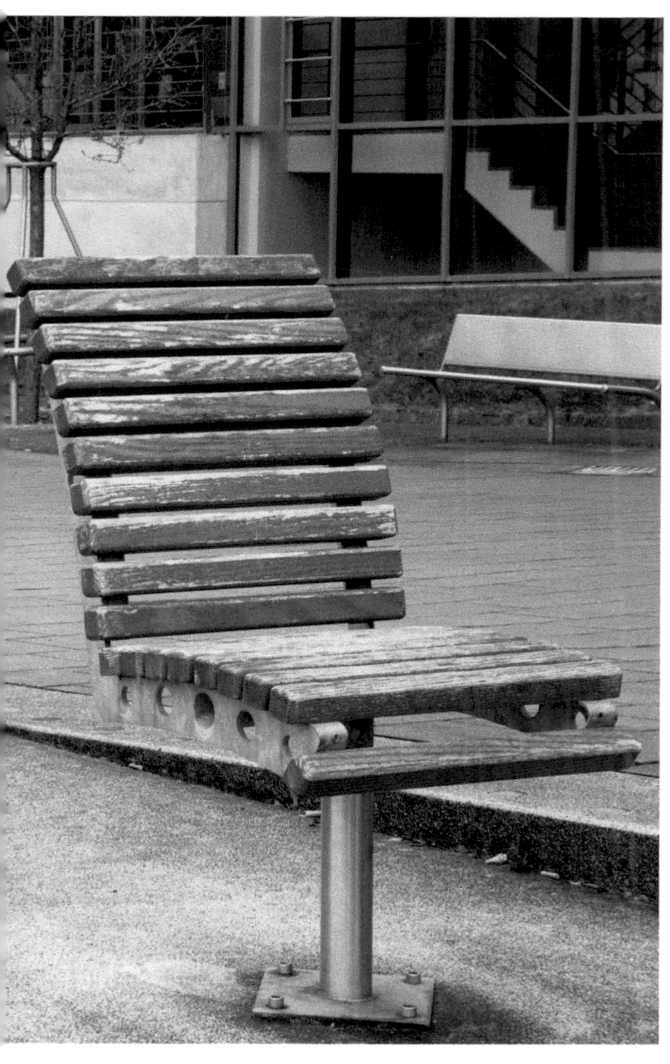

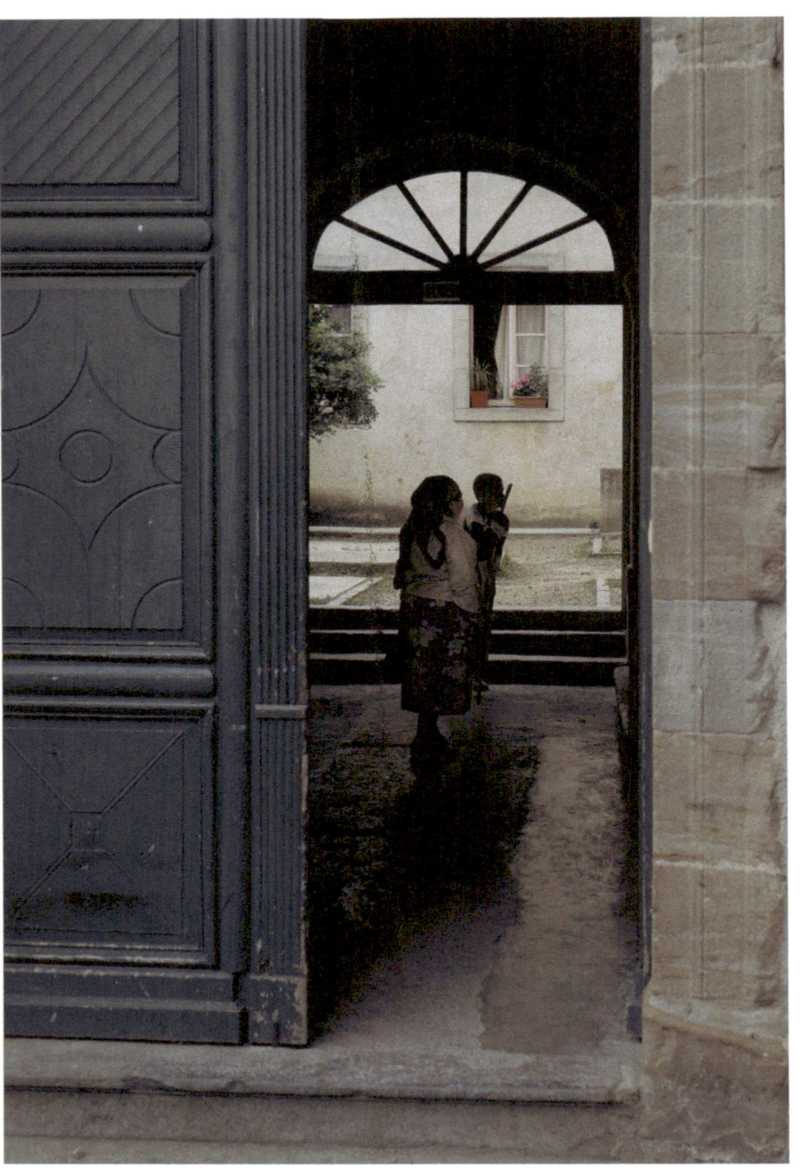

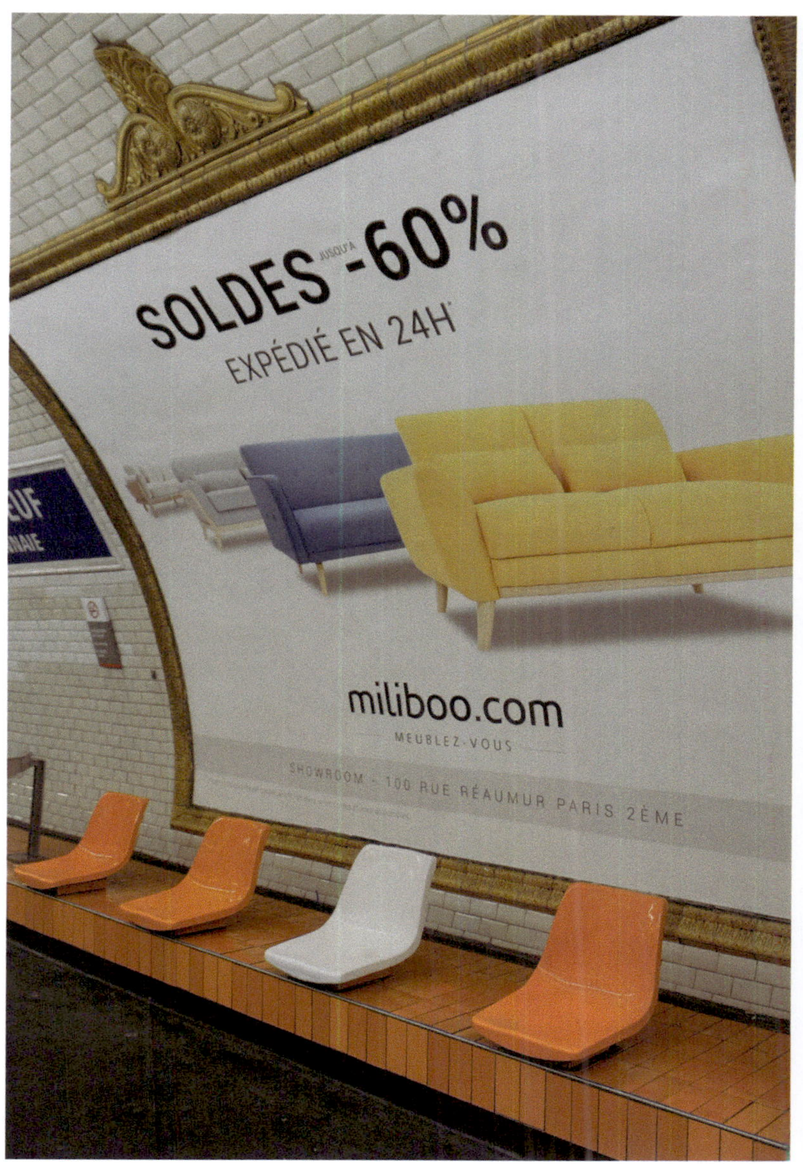
SOLDES JUSQU'À -60%
EXPÉDIÉ EN 24H*
miliboo.com
MEUBLEZ-VOUS
SHOWROOM - 100 RUE RÉAUMUR PARIS 2ÈME

Rechtliche Rahmenbedingungen

Viele Aufnahmen der Straßenfotografie zeigen Personen. Insofern ist zu beachten, dass diese Personen eine bestimmte Interessenlage verfolgen. Nicht jeder möchte fotografiert werden und viele Personen möchten insbesondere nicht, dass Fotografien von ihnen veröffentlicht werden.

Auf der anderen Seite möchten wir Fotografen aber einem Hobby nachgehen und dabei stehen uns die Rechte der Personen im Weg. Nur die Erhebung der Fotografie zur Kunst gibt uns einen gewissen Rahmen, innerhalb dessen wir uns bei der Ausübung der Straßenfotografie im rechtlich abgesicherten Rahmen bewegen.

Als Fotograf bewegen wir uns in einem schwierigen Umfeld. Der Rechtsspielraum lässt uns kaum Freiräume für die Gestaltung der Aufnahmen. Gestalten wir unsere Fotografien wie es uns aus künstlerischen Gesichtspunkten zusagt, befinden wir uns juristisch bereits in der

Interpretation, Auslegung und gegenseitigen Abwägung einzelner Rechtslagen.

Mit den folgenden Absätzen gebe ich ihnen einen guten Überblick über die rechtlichen Rahmenbedingungen. Ich habe umfassend recherchiert und alle aktuellen Informationen zusammengetragen und anschaulich dargestellt. Mein Ziel ist, eine Orientierung über die Sachlage zu geben. Ich bin jedoch kein Jurist. Meine Aussagen zu diesem Thema sind nicht verbindlich. Sie können sich nicht auf meine Aussagen berufen, denn alles was ich dazu schreiben kann ist das Werk eines Laien. Um eine Rechtssicherheit zu erlangen, holen sie sich bitte die Unterstützung eines Experten.

Rechtstheorie und Rechtspraxis

Viele bekannte Straßenfotografen missachten die Rechtslage bewusst und vorsätzlich zugunsten der freien Ausübung ihrer Kunst. Wie weit nun jeder Einzelne in der freien Interpretation bis hin zur Missachtung der Gesetze gehen möchte, sei im selbst überlassen. Sicherlich ist es aber gelebte Praxis, dass es einerseits eine Rechtstheorie und andererseits eine Rechtspraxis gibt.

Rechtstheorie

Die Rechtstheorie ist das, was der Gesetzgeber definiert hat. Es ist in Gesetzbüchern beschrieben, wird von den Gerichten angewendet und ist in jedem Fall gültig. Bei der Anwendung des Rechts hat natürlich das Gericht seine jeweils eigene Sichtweise – eine freie Interpretation gibt es aber nicht. Und wenn es soweit kommt, dass ein Gericht über einen Fall entscheiden muss, ist das Kind bereits in den Brunnen gefallen. Deswegen ist in jedem Fall zu bedenken, dass eine Übertretung des Rechts gesetzlich geahndet werden kann.

Rechtspraxis

Rechtspraxis ist das, was jeder für sich aus den rechtlichen Rahmenbedingungen macht oder vielleicht vielmehr, dass, wie die Allgemeinheit typischerweise die rechtlichen Rahmenbedingungen lebt.

Es geht hier um den persönlichen Umgang mit den Regeln oder akzentuierter betont: Es geht darum, wie weit jeder Einzelne das Recht dehnen möchte. Denn vieles, was wir fotografieren möchten, greift nicht so weit in die Persönlichkeitsrechte ein, dass wir es für uns selbst nicht akzeptieren würden. Und wo kein Kläger, da kein Richter.

Zwei Rechtsansprüche konkurrieren

Es gibt den Rechtsanspruch des Fotografen und den Rechtsanspruch der fotografierten Person. Der Fotograf kann für sich das Kunsturhebergesetz in Anspruch nehmen, während das „Recht am eigenen Bild" für die Interessen der fotografierten Person steht.

Kunsturhebergesetz

Bildnisse, die einem höheren Interesse der Kunst dienen, dürfen auch ohne Einwilligung der Abgebildeten verbreitet werden.

Recht am eigenen Bild

Jeder Mensch darf grundsätzlich selbst darüber bestimmen, ob und in welchem Zusammenhang Bilder von ihm veröffentlicht werden.

Die Rechte des Fotografen

Im Kontext der Straßenfotografie kann der Fotograf im Grunde nur ein Recht für sich in Anspruch nehmen. Das Kunsturhebergesetz.

Kunsturhebergesetz

Es besagt, dass im öffentlichen Raum Personen fotografiert werden dürfen und diese Aufnahmen veröffentlicht werden dürfen.

Dabei ist zu beachten, dass diese Aussage sich auf den öffentlichen und nicht auf den privaten Raum bezieht. Nicht öffentlich sind zum Beispiel Einkaufszentren, Sportstädten, Theater oder Zoos. Im privaten Raum gelten zunächst die Richtlinien des Eigentümers.

Veranstaltungen

Das Fotografieren von Personen und Veröffentlichen der Aufnahmen ist erlaubt, insofern diese Aufnahmen auf einer Veranstaltung erstellt wurden. Eine solche Veranstaltung ist allerdings rechtlich definiert. Es muss sich um Versammlungen mit einem eindeutig erkennbaren Zweck handeln. Das sind zum Beispiel

Demonstrationen, die Love Parade, ein Faschingsumzug oder ähnliches. Teilnehmer solcher Versammlungen müssen grundsätzlich davon ausgehen fotografiert zu werden.

Anders ist es bei kleinen Gruppen, die ohne konkreten Zweck beieinander sind. Treffen sich beispielsweise einige Jugendliche und trinken miteinander ein Bier, so ist dies keine Veranstaltung, die uns das Recht zum Fotografieren gibt.

Die Rechte der fotografierten Person

Der Gesetzgeber räumt Personen das Recht am eigenen Bild ein. Dieses Recht hat umfassende Wirkung auf unsere Arbeiten als Straßenfotograf.

Recht am eigenen Bild

Das Recht am eigenen Bild oder Bildnisrecht ist eine besondere Ausprägung des allgemeinen Persönlichkeitsrechts. Es besagt, dass jeder Mensch grundsätzlich selbst darüber bestimmen darf, ob und in welchem Zusammenhang Bilder von ihm veröffentlicht werden.

Es wird also eine Zustimmung benötigt!

Die Zustimmung ist das zentrale Element, dass uns Straßenfotografen viele Probleme bereitet. Eine Veröffentlichung der Aufnahme einer Person ohne Zustimmung verletzt die Persönlichkeitsrechte. Hier liegen nun das Kunsturhebergesetz und das Recht am eigenen Bild in der Waagschale und ein Richter muss im Zweifelsfall abwägen.

Veröffentlichung ohne Zustimmung

Es gibt jedoch auch Situationen, bei denen keine Zustimmung der fotografierten Person notwendig ist. Das ist insbesondere dann der Fall, wenn die Person nicht zu erkennen ist, zum Beispiel, weil sie von hinten fotografiert wurde oder nur als Silhouette erkennbar ist. Ob die Person erkennbar ist oder nicht, wird letztlich von der Person selbst oder von nahen Bekannten entschieden. Es genügt also nicht, als Fotograf zu postulieren: Ich erkenne die Person nicht. Ebenso ist zu beachten, dass Personen auch an besonderen Merkmalen, zum Beispiel Tätowierungen, erkannt werden können.

Beiwerk

Es wird weiterhin keine Zustimmung der Person benötigt, wenn diese nur Beiwerk ist. Hier geht es um Situationen, in denen ein Objekt oder eine Szene fotografiert wurde und eine Person nur zufällig in der Aufnahme zu sehen ist. Merkmal einer solchen Aufnahme ist, dass die Person für das Motiv nicht wichtig ist. Das Hauptgestaltungselement ist klar erkennbar ein anderes.

Das ist in der Straßenfotografie oftmals schwierig nachzuweisen. Eine gute Rechtssicherheit ergibt sich hier vor allem bei Architekturaufnahmen. Hier kann sich der Fotograf darauf beziehen, dass er den Eiffelturm fotografieren wollte und nicht die hübsche Frau im Vordergrund. In diesem Zusammenhang wird häufig die sogenannte Panoramafreiheit angestrengt. Für Personen, die sich im Motiv frei bewegen, ist aber der Aspekt des Beiwerks maßgeblich.

Ablichtung oder Veröffentlichung

Interessanterweise unterscheidet das Gesetz zwischen Ablichtung und Veröffentlichung.

Das Recht am eigenen Bild umfasst ausdrücklich die Veröffentlichung. Anders ausgedrückt, darf eine Person also immer fotografiert werden, dass Bild aber ohne Zustimmung nicht veröffentlicht werden.

Dies ist für die betroffene Person in der Regel nicht kontrollierbar und deswegen gibt es einen Trend in der Rechtsprechung der Gerichte, die bereits das Fotografieren reglementieren und bereits im unzugestimmten Fotografieren eine Verletzung des Rechts am eigenen Bild erkennen.

Die Art der Veröffentlichung

Insofern die fotografierte Person ihr Recht am Bild in Anspruch nimmt, bedarf die Veröffentlichung einer Zustimmung. Dabei ist die Art der Veröffentlichung unerheblich. Ob das Bild auf einem Stammtisch gezeigt oder als Werbeaktion vermarktet werden kann, kann über einen Vertrag geregelt werden, ohne Zustimmung ist aber keine Veröffentlichung erlaubt. Eine Interpretation welche Form oder welcher Umfang einer Veröffentlichung noch in Ordnung ist, gibt es nicht. Natürlich entsteht ein größerer Schaden, wenn eine fotografierte Person in einer deutschlandweiten Werbekampagne genutzt oder nur am Stammtisch in einem Fotobuch gezeigt wird. Die Kompensation des entstandenen Schadens regeln dann Rechtsanwälte und Gerichte.

Die Notwendigkeit einer Zustimmung orientiert sich aber nicht an der Art der Veröffentlichung.

Die Zustimmung

Eine Zustimmung oder natürlich auch eine Ablehnung kann auf unterschiedlichen Arten zustande kommen. Insbesondere können hier explizite oder konkludierte Zustimmungen genannt werden. Bei einer expliziten Zustimmung wird aktiv eine vertragliche Grundlage geschaffen. Es unterhält sich also der Fotograf (oder rechtlicher Stellvertreter) mit der zu fotografierenden Person und schließt einen Vertrag ab. Ein solcher Vertrag kann mündlich oder schriftlich aufgestellt werden.

Eine konkludierende Zustimmung wird aus dem Handeln der Person geschlossen. Ein Nicken oder bejahendes Zulächeln wird also als Zustimmung interpretiert.

Außerdem kann eine Zustimmung bereits vor der Aufnahme oder nach der Aufnahme vor der Veröffentlichung getätigt werden.

Ein explizit ausgehandelter Vertrag – ein Model Release – ist in der Praxis der Straßenfotografie sicherlich eher eine Seltenheit. Eine Frage und mündliche Zustimmung gibt es vielleicht doch ab und an. Häufiger wird es wohl so sein, dass wir Fotografen bei unserer Arbeit wahrgenommen werden und die Person keine ablehnende Haltung einnimmt. Das kann als Zustimmung interpretiert werden.

Allerdings ist die Rechtssicherheit der Zustimmung immer ein Thema. Stellen wir uns vor, es liegt eine konkludierende Zustimmung vor und die komplette Werbeabteilung eines Magazins steht bereits eine Woche vor der Veröffentlichung. Nun überlegt sich die Person doch lieber nicht bundesweit auf der Titelseite zu stehen. Wer zahlt nun die Kosten für das Magazin und deren Ausgabe?

Die Zustimmung Dritter

In manchen Fällen bedarf es auch der Zustimmung Dritter. Das ist zum Beispiel immer bei Kindern oder Personen relevant, die selbst nicht rechtsfähig sind. Ebenso wird die Erlaubnis zur Fotografie im nicht öffentlichen Raum benötigt. Das bedeutet in der Praxis, dass die Hausordnung des Eigentümers, insbesondere im Hinblick auf Fotografie beachtet werden muss. So muss zum Beispiel bei jedem Bild, dass in der Wilhelma (Stuttgart) erstellt wurde ausdrücklich die Herkunft aus der Wilhelma vermerkt werden. Im Schloss Ludwigsburg inklusive der Gartenanlage ist die Veröffentlichung nicht ohne schriftliche Zustimmung erlaubt.

Sonderfall

Seit Januar 2015 gilt ein gestärkter Schutz hilfloser Personen. In den Gesetzestexten heißt es:

Wer die Hilflosigkeit einer anderen Person zur Schau stellt, unbefugt herstellt oder überträgt, verletzt den höchstpersönlichen Lebensbereich.

In solchen Fällen droht eine Geldstrafe oder sogar Freiheitsstrafe, auch, ohne dass die Aufnahmen veröffentlicht werden.

Tipps und Empfehlungen

Die oben dargestellten rechtlichen Grundlagen bedeuten, dass ohne (am besten schriftliche) Zustimmung Straßenfotografie nicht möglich ist. Eine schriftliche Zustimmung ist typischerweise nicht zu bekommen. Wenn wir als Straßenfotograf eine fremde Person ansprechen und fragen, ob wir ihr Foto veröffentlichen dürfen, sollten wir mit einer Ablehnung rechnen. Ich kann mir vorstellen, dass dieselbe Person gegen ein hübsches Foto im Netz vielleicht gar nichts einzuwenden hätte. Der schriftlichen Zustimmung wird aber sicherlich mit Unsicherheit und dementsprechend mit Ablehnung begegnet.

Meine Tipps

Keine Kinder oder benachteiligte Bevölkerungsgruppen fotografieren!

Keine Personen in hilflosen oder bloßstellenden Situationen fotografieren!

Keine Veröffentlichung für Werbung, in Zeitschriften oder Ausstellungen etc. ohne schriftliche Zustimmung!

Für Veröffentlichungen in zum Beispiel der Fotocommunity das Risiko selbst abwägen. Zu bedenken ist: es droht Schadensersatz (meist unter € 1.000 zzgl. Gerichtskosten).

Wie ich es handhabe

Straßenfotografie lebt von der Spontanität. Viele spannenden Szenen kann man nicht nachstellen und auch nicht im Voraus danach fragen. Ich fotografiere also und frage nicht. Ich verstecke mich aber auch nicht. Ich tue nicht so, als hätte ich nichts gemacht. Ich gehe meinem Hobby nach, stelle niemanden bloß und brauche mich nicht für mein Handeln zu schämen.

Gibt es eine ablehnende Reaktion, suche ich das Gespräch. Gibt es keine Reaktion, gehe ich weiter. Gefällt mir eine Aufnahme so gut, dass ich diese gerne veröffentlichen möchte, wäge ich ab, wie intim die Ablichtung ist. Erscheint mir die Aufnahme recht intim, würde ich entweder auf eine Veröffentlichung verzichten oder eine Zustimmung erfragen. Würde ich die Bilder kommerziell oder für große Veranstaltungen veröffentlichen, würde ich eine schriftliche Regelung gestalten.

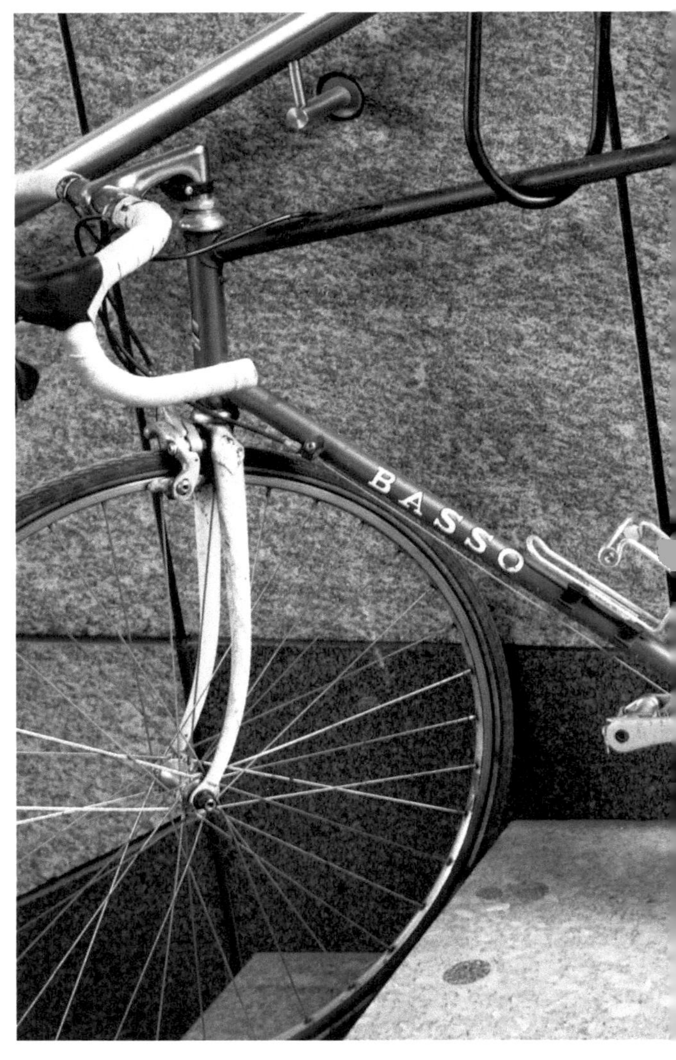
BASSO

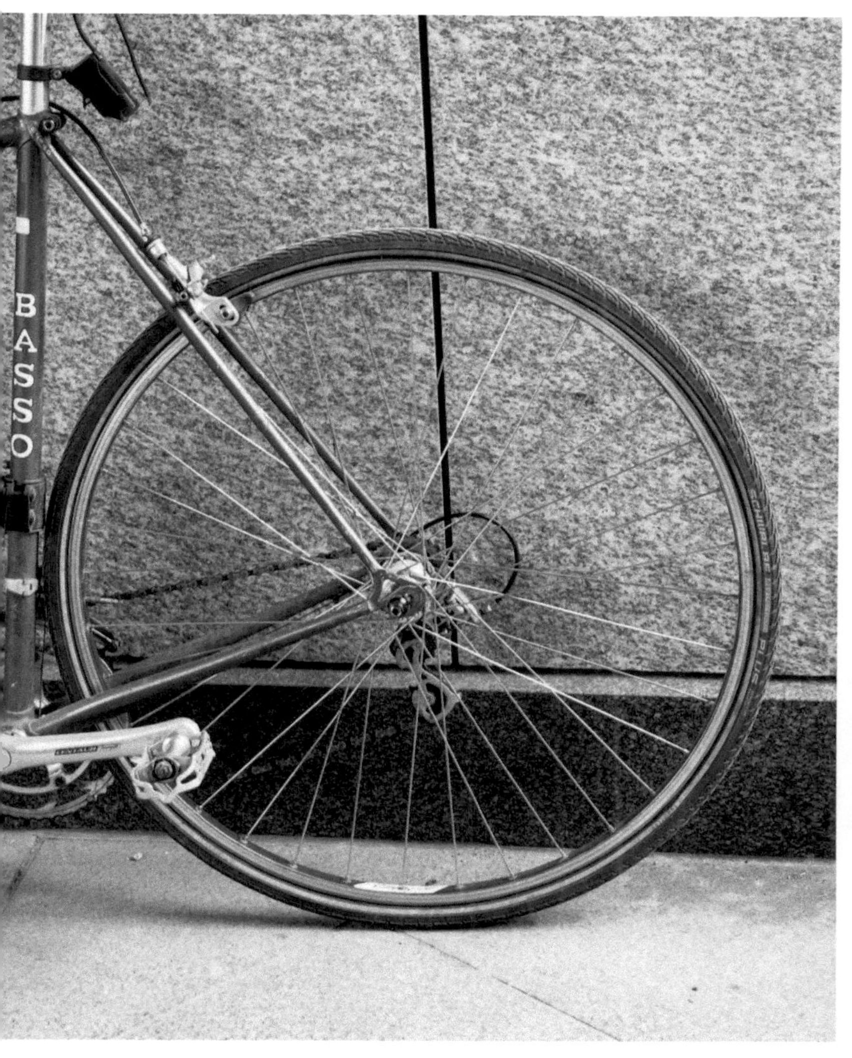
BASSO

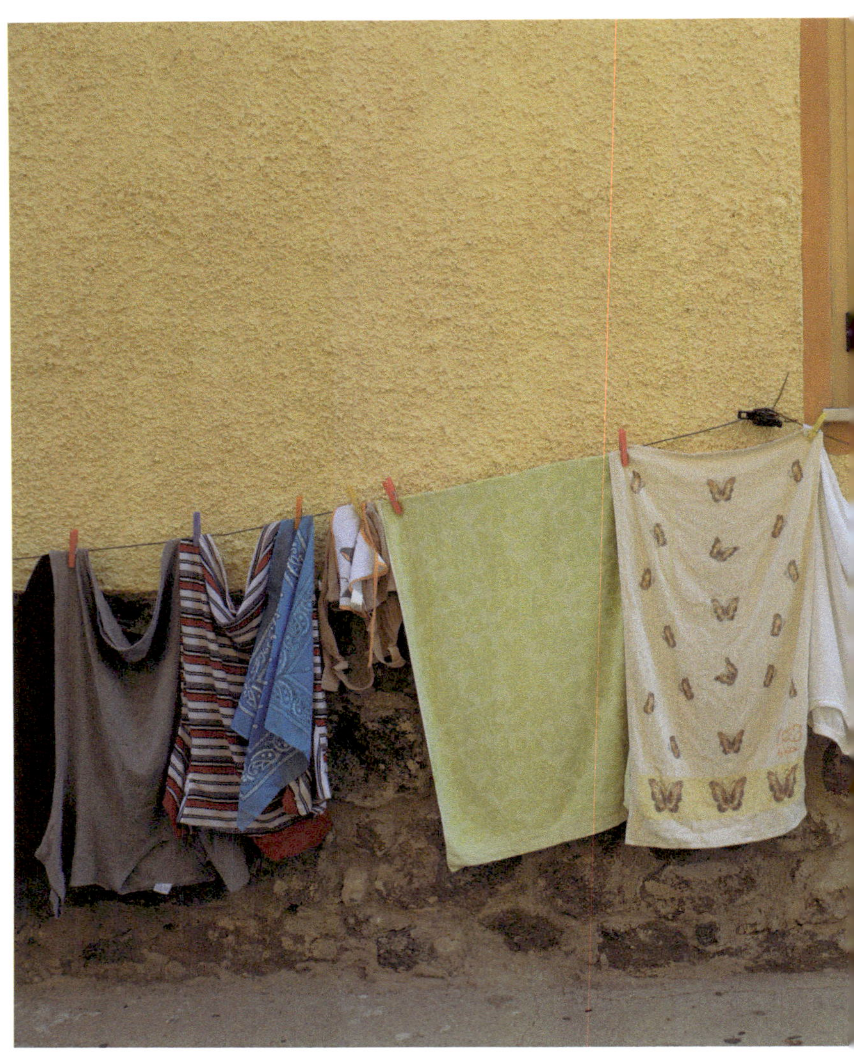

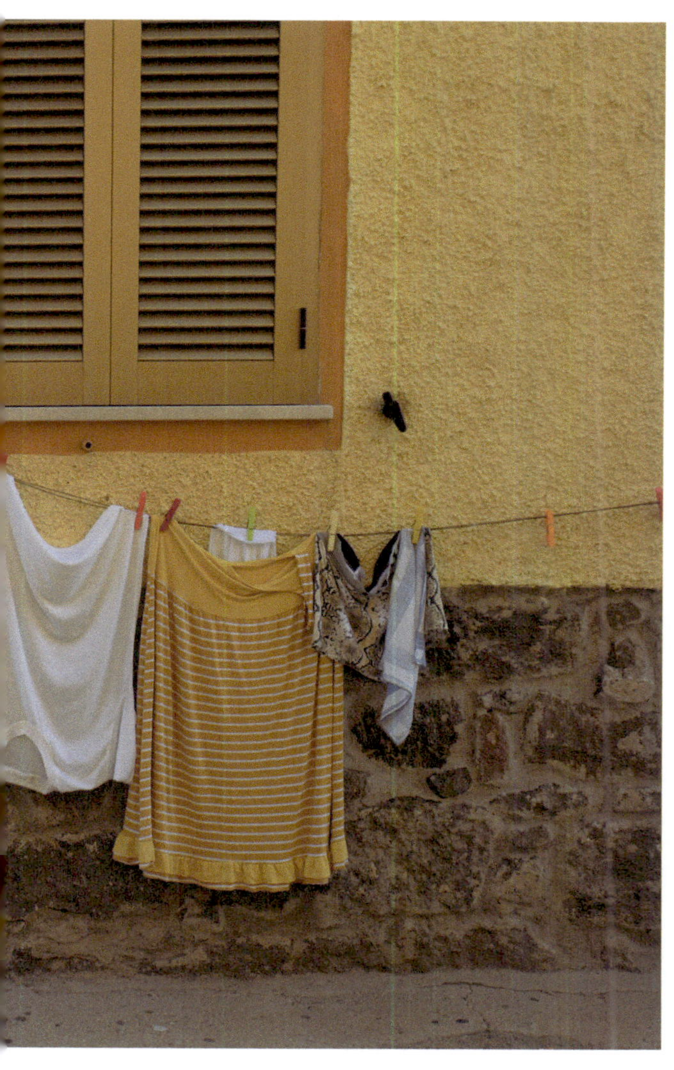

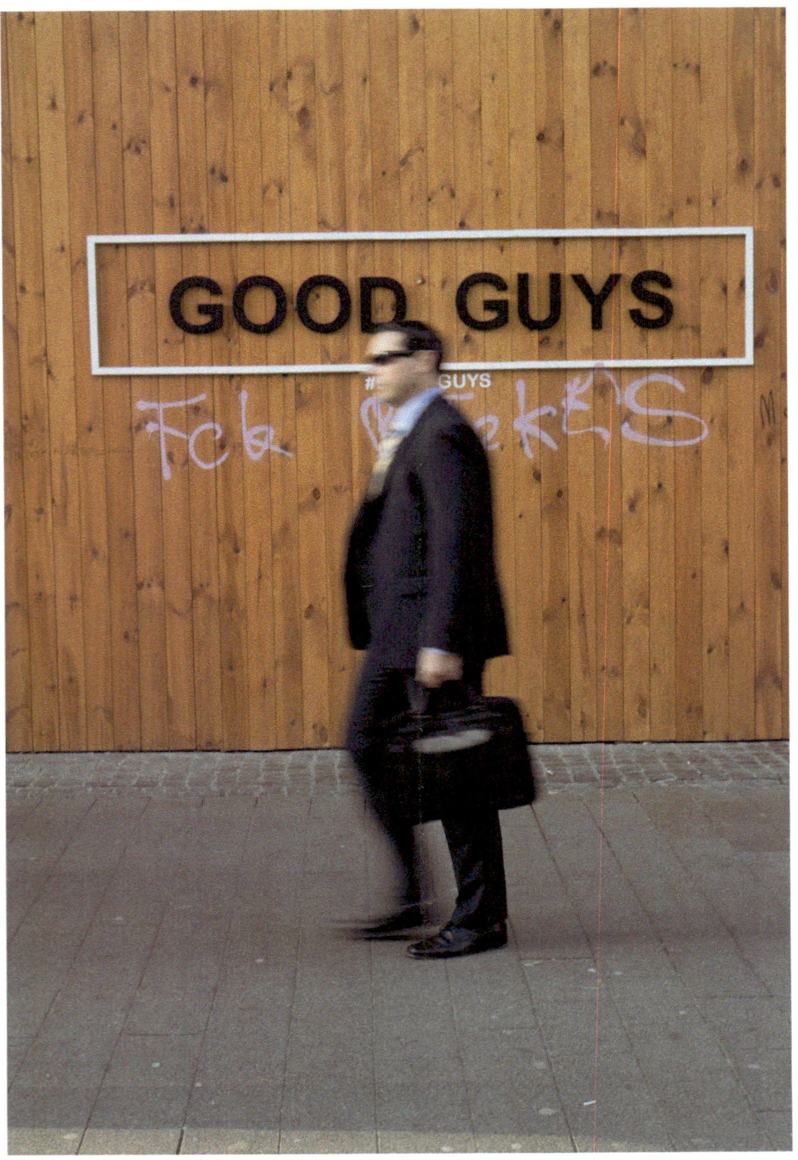
GOOD GUYS

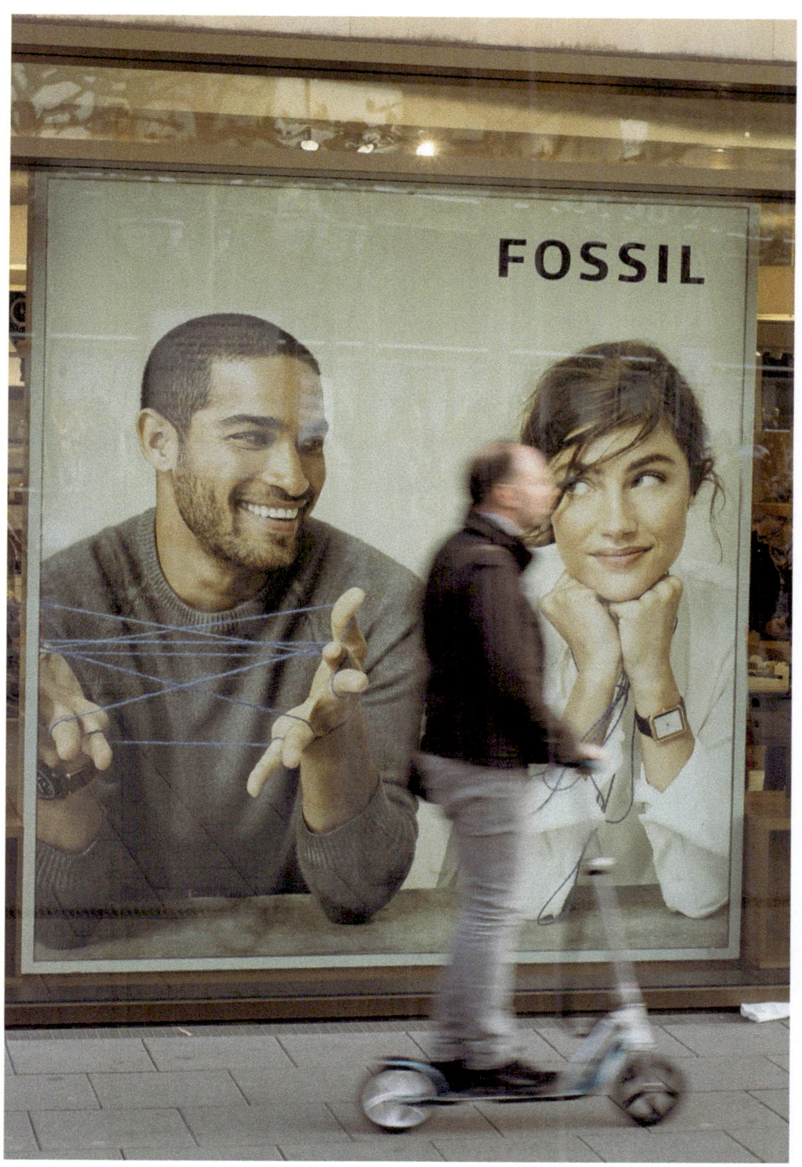
FOSSIL

Suchen Finden von Motiven

Es ist schwer, geeignete Motive zu suchen. Die Straßenfotografie stellt ihre eigenen Ansprüche und hat bezüglich der Motivsuche besonders hohe Herausforderungen. Vergleichen wir die Straßenfotografie mit anderen Metiers können wir diese Unterschiede leicht erkennen und verstehen. Nehmen wir beispielsweise die Architekturfotografie. Das Objekt ist bereits vorhanden. Es ist statisch. Der Fotograf betrachtet das Objekt, er versucht das Wesen des Objektes zu erkennen oder zu interpretieren. Er sucht nach geeigneten Lichtverhältnissen und Blickwinkeln. Er komponiert in aller Ruhe und Konzentration sein Motiv. Der Architekturfotograf bezieht Position, indem er seine Sicht und Wahrnehmung auf ein für alle sichtbares Objekt ausdrückt. Betrachten wir ein weiteres Beispiel - die Porträtfotografie. In diesem Metier ist es typisch mit einer bestimmten vorgedachten Idee ein passendes Model zu suchen. Mittels einer wohldurchdachten Beleuchtung und kurzen Anweisungen bezüglich optimaler Posen wird dann das Motiv umgesetzt, dass der Fotograf bereits in der Ausgangssituation in seiner Vorstellung hatte.

Kehren wir zurück zur Straßenfotografie, so stellen wir eine wichtige Gemeinsamkeit mit den anderen Genres fest. Das ist die Interpretation des Objekts oder Subjekts durch den Fotografen und die Transformation des rein sachlichen Objekts in eine Botschaft, die der Fotograf dem späteren Betrachter des Bildes vermitteln will. Auch hier bezieht der Fotograf durch seinen eigenen Blickwinkel und die Botschaft, die er selbst bewusst und kritisch wählt, Position. Ohne eine solche Botschaft, ohne eine Transformation von der objektiven Abbildungsebene in eine subjektive Bedeutungsebene werden die Bilder langweilig sein und allenfalls einen spontanen Wow-Effekt bieten.

Die Suche nach Motiven ist aber in der Straßenfotografie etwas völlig Anderes, nicht vergleichbar mit der Architekturfotografie oder der Porträtfotografie. Anders als in der Architekturfotografie sind die Objekte nicht bereits vorhanden. Es ist vielmehr ein spontanes Zusammentreffen unterschiedlicher Objekte oder Personen, das situative aufeinandertreffen bestimmter Ereignisse, die den Reiz eines Motivs ausmachen. Das Motiv existiert für einen winzigen, flüchtigen Moment und ist dann wieder für immer verloren. Anders als in der Porträtfotografie kann man die Protagonisten auch nicht anweisen, bestimmte Posen einzunehmen. Dies würde sofort die einzigartige Situation zunichtemachen, würde gestellt wirken und könnte im besten Fall ein gelungenes Porträt liefern, nicht jedoch ein spannendes Bild der Straßenfotografie.

Was bedeutet das nun für das Suchen nach Motiven?

Motive kann man nicht suchen – man kann sie nur finden!

Man kann nicht etwas suchen, das nicht da ist. Man kann ein gutes Motiv auch nicht erzwingen. Schließlich suchen wir nach spontan auftretenden Situationen. Der Straßenfotograf findet interessante Situationen durch Beobachtung. In aller Ruhe beobachten wir Passanten in der Stadt. Wir versuchen die Handlung zu verstehen und versuchen zu erahnen, was als nächstes passiert. Sobald wir Straßenfotografen die Handlungen und Aktionen unserer Protagonisten verstehen, können wir eine Bedeutung daraus ableiten. Wir können diese Handlungen in Zusammenhang setzen und als etwas Besonderes oder auch als etwas Typisches verstehen. Erst dieses Verstehen erlaubt uns eine eigene Interpretation. Wir können nun unsere Protagonisten mit ihren spannenden Aktionen darstellen oder vielleicht sogar einzelne Handlungsstränge unterschiedlicher Personen in Verbindung bringen. So kann ich mir zum Beispiel einen Bankangestellten auf seinem Weg in seine Bank, hektisch einen Coffee take away trinkend vorstellen, der an einem Stadtarbeiter vorbeieilt, der gerade damit beschäftigt ist, Berge von Pappbechern zu entsorgen.

Der Straßenfotograf ist ein aufmerksamer Beobachter. Er ist ein Detektiv, der sich konzentriert in die Rolle der Anderen hineinversetzt.

Sehen lernen

Jetzt stellt sich natürlich die Frage, was eine spannende Szene oder eine typische Situation überhaupt ist.

Die Straßenfotografie ist keine Fine Art Fotografie. Sie hat nicht den Anspruch technisch makellose Bilder hervorzubringen. Es geht nicht um die perfekte Darstellung von Tonwerten oder die einhundertprozentige Platzierung der Schärfentiefe. Das soll weder ein Freibrief für den Verzicht auf Bildkomposition noch handwerkliches Können sein.

Die Straßenfotografie möchte Aufmerksam machen. Sie möchte Hinweise auf besondere Momente, Situationen, Gegenstände oder Handlungen geben. Der Straßenfotograf muss aufmerksam in seinem Umfeld sein und das Besondere erfassen. Das Besondere kann das Außergewöhnliche sein. Das was sonst nicht da ist. Das was untypisch ist und von daher dargestellt werden sollte. Das Besondere kann auch das Gewöhnliche sein. Situationen und Dinge, die im Alltag vorkommen und derart selbstverständlich sind, dass sie längst in der Routine untergegangen sind. Das Hervorheben und bewusstmachen solcher Gegebenheiten ist das Wesen der Straßenfotografie.

Der Straßenfotograf muss sich aufmerksam in seinem Umfeld bewegen und das Besondere wahrnehmen. Er muss das Besondere betonen und darauf hinweisen können um seine Wahrnehmung Anderen mitgeben zu können.

In der Straßenfotografie sind alle Motive bereits da. Der Straßenfotograf muss sie nur sehen. Und dieses bewusste Sehen ist die wichtigste Anforderung an den Straßenfotografen, die es zu trainieren gilt. Viel wichtiger als die Bedienung der Kamera ist es, gezielt die Wahrnehmung und das bewusste Erfassen der Details zu stärken.

Der Straßenfotograf muss ein klares Bild entwickeln, was typisch und bemerkenswert an einem Schauplatz ist.

Aktives Leben versus Stillleben

Bezüglich der Straßenfotografie hatte ich bereits zwischen dem Leben in der Stadt und den Spuren des Lebens unterschieden. Beschäftigen wir uns mit dem aktiven Leben in der Stadt, so handelt es sich in der Regel um Motive, in denen Personen eine maßgebliche Rolle spielen. Das ist für den Anfänger nicht immer einfach. Die Spuren des Lebens lassen sich oftmals eindrucksvoll in urbanen Stillleben festhalten. Da hier typischerweise keine Personen involviert sind, sind solche Stillleben für den Anfänger geeignete Motive.

Das Leben in der Stadt

Wollen wir das spontane, zufällige und authentische Leben zeigen, so ergibt sich unsere Szene zufällig. Diese Zufälligkeit bietet uns Fotografen zwei Optionen. Die erste und offensichtliche Option ist, eine zufällige Szene bewusst wahr zu nehmen, dann schnell zu reagieren und eine Aufnahme zu machen. Meiner Erfahrung nach ist das jedoch ein eher theoretischer Ansatz. Wahrscheinlich entstehen auf diese Art und Weise die besten Aufnahmen. Wahrscheinlich entstehen auf diese Art und Weise aber auch am wenigsten Aufnahmen. Viele so festgehaltene Fotografien lassen eine gute Bildkomposition vermissen. Oftmals ist zwar der Protagonist festgehalten und auch zu erkennen, was er gerade tut, der formale Aufbau des Bildes erzeugt beim Betrachter aber keine Aufmerksamkeit.

Die zweite Option ist, das Eintreten einer typischen Situation vorherzusehen und auf die spannende Szene zu warten. Das bietet die Möglichkeit, sich mit Ruhe auf die Aufnahme vorzubereiten. Das klingt nicht sehr romantisch, ist aber sicherlich ein sehr geeigneter Ansatz für gute Aufnahmen.

Die Spuren des Lebens in der Stadt

Solche urbanen Stillleben sind insbesondere für den Einstieg in die Straßenfotografie dankbare Motive. Sie kommen ohne unsere Schauspieler aus und sind nicht derart flüchtig. In der Regel haben wir Fotografen alle Zeit der Welt, um eine durchdachte Bildkomposition zu gestalten und sorgfältig die Kameraeinstellungen vorzunehmen.

Nun gilt es hier natürlich auch das spannende Motiv zu finden und gekonnt in Szene zu setzen.

Unsere Motive

Viele bekannte Fotografen haben für die Aufnahmen, die uns heute sehr gut gefallen und die wir in Bildbänden bewundern, Jahrzehnte gebraucht. Andere schaffen es, täglich ein Foto in die sozialen Medien hochzuladen.

Für den Einstieg in die Straßenfotografie sollten wir nicht mit der Erwartung ans Werk gehen, dass wir auf jedem Fotoausflug gute Bilder machen werden. Das wird nicht so sein. Es wird auch viele Fototouren geben, die kein gutes Foto hervorbringen. Es wird auch Fototouren geben, auf denen noch nicht einmal ein Foto gemacht wird. Und es ist auch mein Rat, kein Foto zu machen, wenn sich kein gutes Motiv ergibt. Sobald wir Fotos aufnehmen nur um Irgendetwas auf der Speicherkarte zu haben, ohne dass uns ein spannendes Motiv aufgefallen ist, werden wir daheim am Bildschirm lediglich Enttäuschung erleben.

Konzentrieren wir uns zunächst auf das alltägliche Leben im urbanen Raum. Eine Stadt in unserem Umfeld. Vielleicht unser Heimatort. Nun suchen wir das, was typisch ist. Was ist ein besonderes Merkmal dieser Stadt? Es muss nicht immer DER entscheidende Moment sein, der dann doch nie kommt. Wir machen keinen Wettbewerb um das spektakulärste Bild. Wir sind aufmerksame Beobachter.

Unsere Vorgehensweise

Wir konzentrieren uns zunächst weniger auf das Fotografieren, sondern vielmehr auf die bewusste Wahrnehmung.

Wir üben uns im fotografischen Erkunden.

Wir versuchen uns auf den Kern zu fokussieren. Was genau ist unser Motiv - welche Aussage wollen wir treffen – auf was präzise wollen wir hinweisen? Welche Bedeutung hat eine Szene? Dabei versuchen wir die Umgebung mit einzubeziehen. Wir befassen uns mit unterschiedlichen Perspektiven.

Wir begeben uns ins Geschehen und werden Eins mit ihm. Dafür gehen wir nah heran und benutzen kurze Brennweiten.

Teleobjektive sind für Feiglinge!

Gib uns einen Grund, uns an dein Foto zu erinnern!

- Flickr Hardcore Street Photography

Anregungen für spannende Themen

Alle guten Straßenfotografen haben einen guten Blick für Details

- Menschen, die besonders aussehen
- Menschen, die sich besonders kleiden
- Menschen, die besonders blicken
- Menschen, die etwas Typisches/Besonderes tun
- Mehrere Personen, die sich mit dem gleichen Objekt jedoch mit unterschiedlicher Zielsetzung befassen.

Bildauswahl im Spannungsfeld

Haben wir uns nun aufmerksam mit der Stadt befasst und Ideen für spannende Motive gefunden, so sollten wir abwägen, ob wir diese Motive ablichten und veröffentlichen können.

Die authentische Realität liegt in der einen Waagschale, eine rechtlich abgesicherte Veröffentlichung liegt in der anderen Waagschale. Nun muss der Straßenfotograf abwägen. Sind rechtliche Probleme zu vermuten, kann eine Szene auch nachgestellt werden. Die Nachstellung oder Inszenierung erfolgt dann mit Personen, die ihre Zustimmung zur Veröffentlich gegeben haben. Ob eine solche Inszenierung authentisch ist, muss jeder für sich selbst entscheiden. Tatsache ist, dass sehr viele bekannte Aufnahmen der Straßenfotografie inszeniert sind.

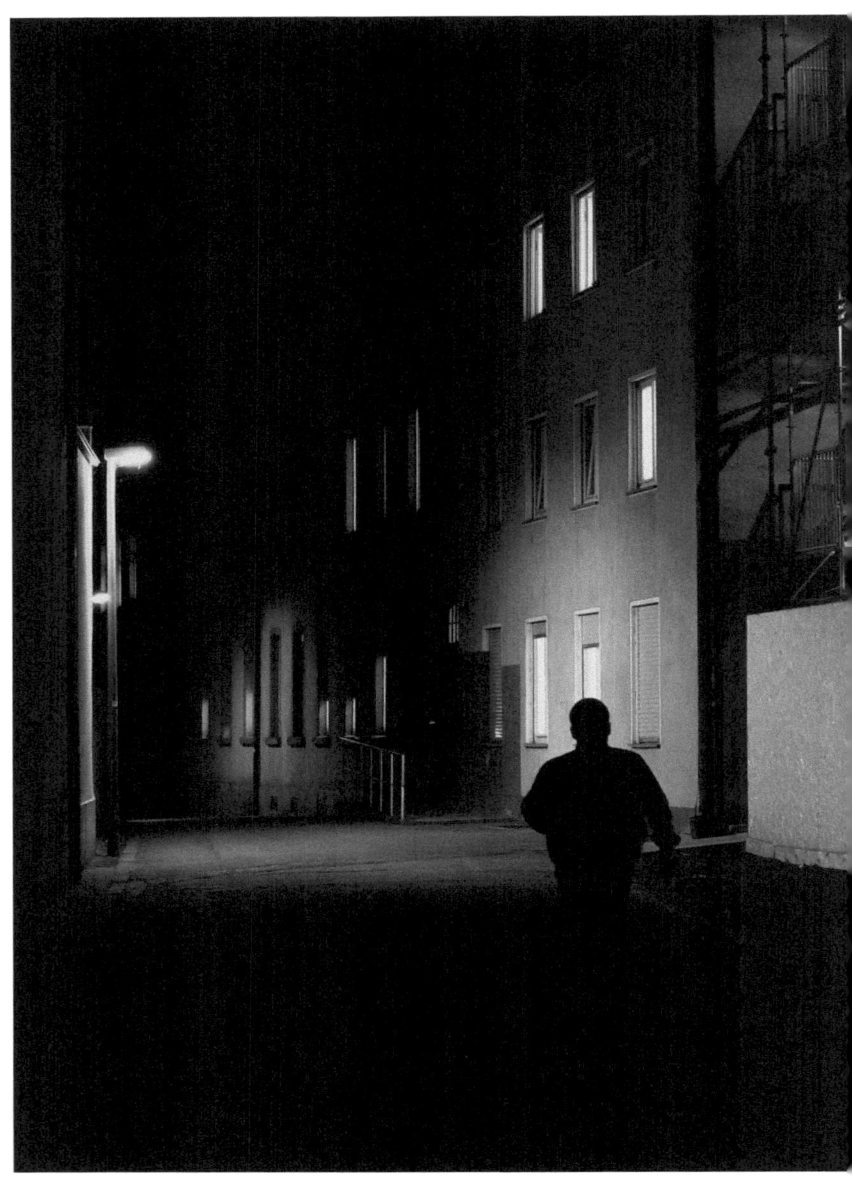

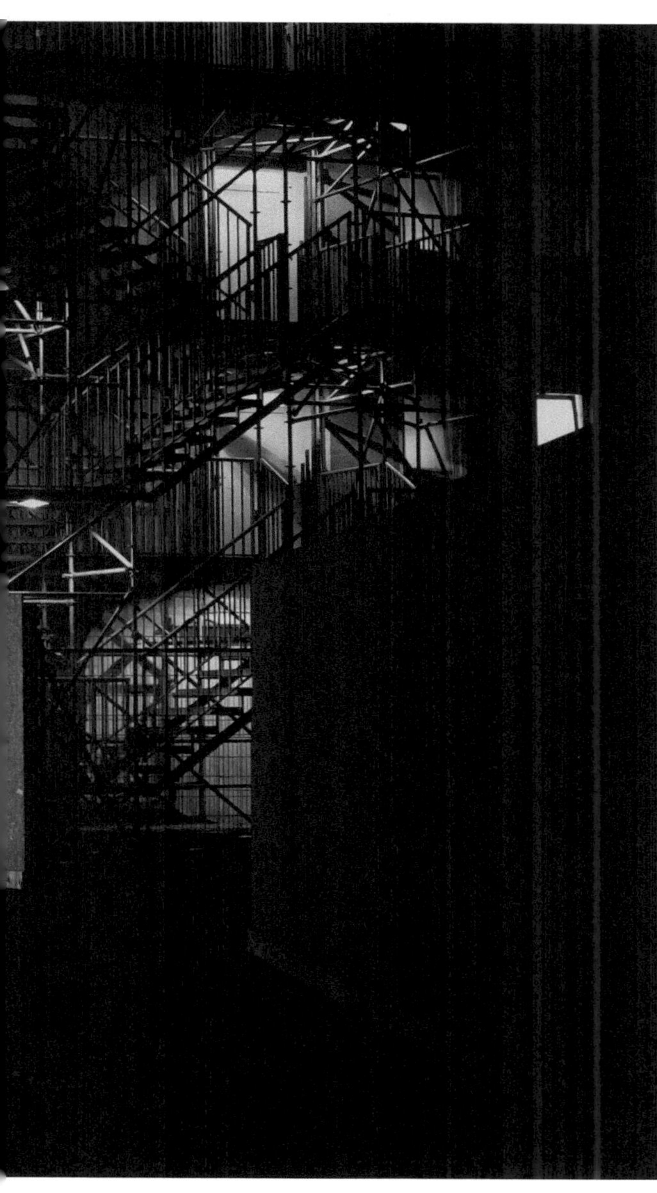

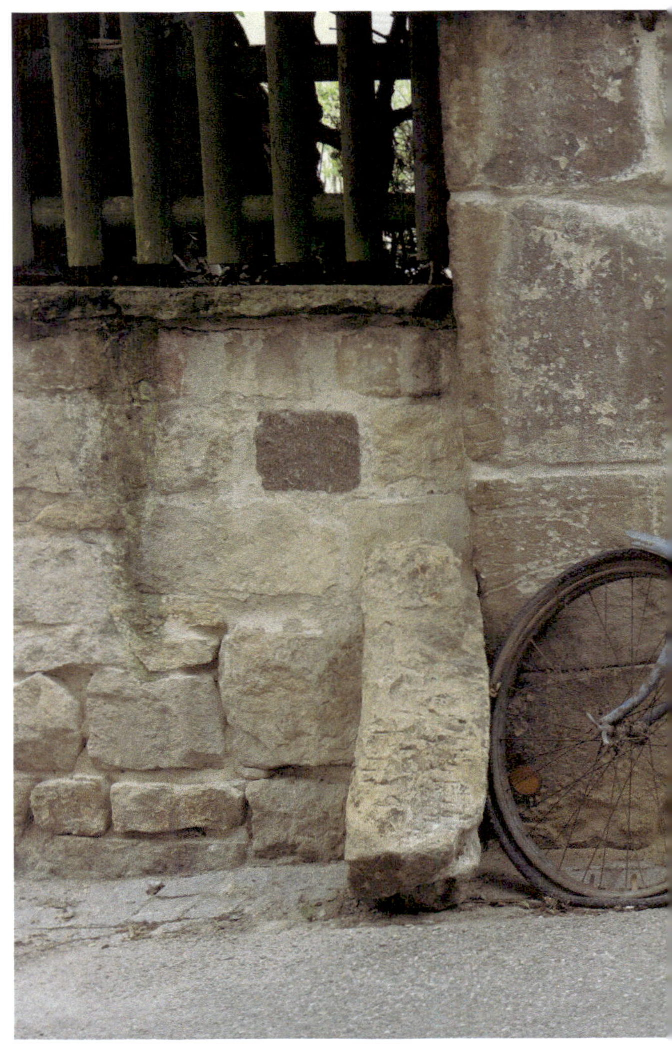

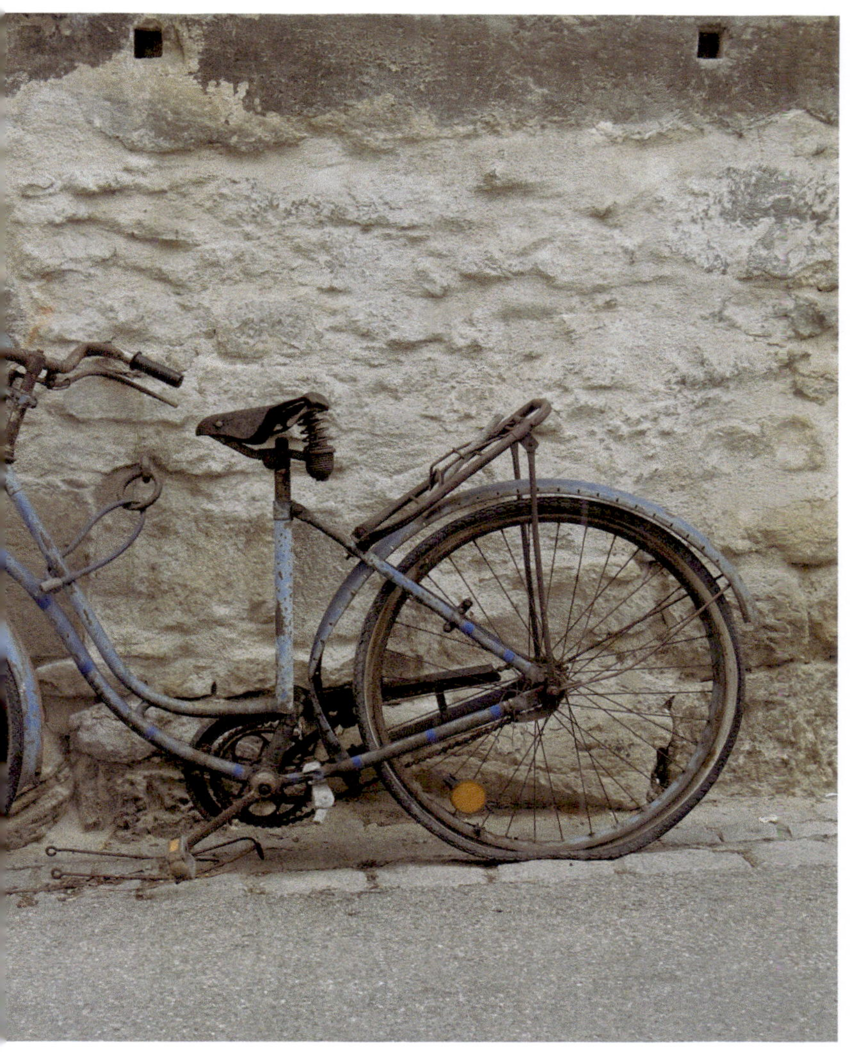

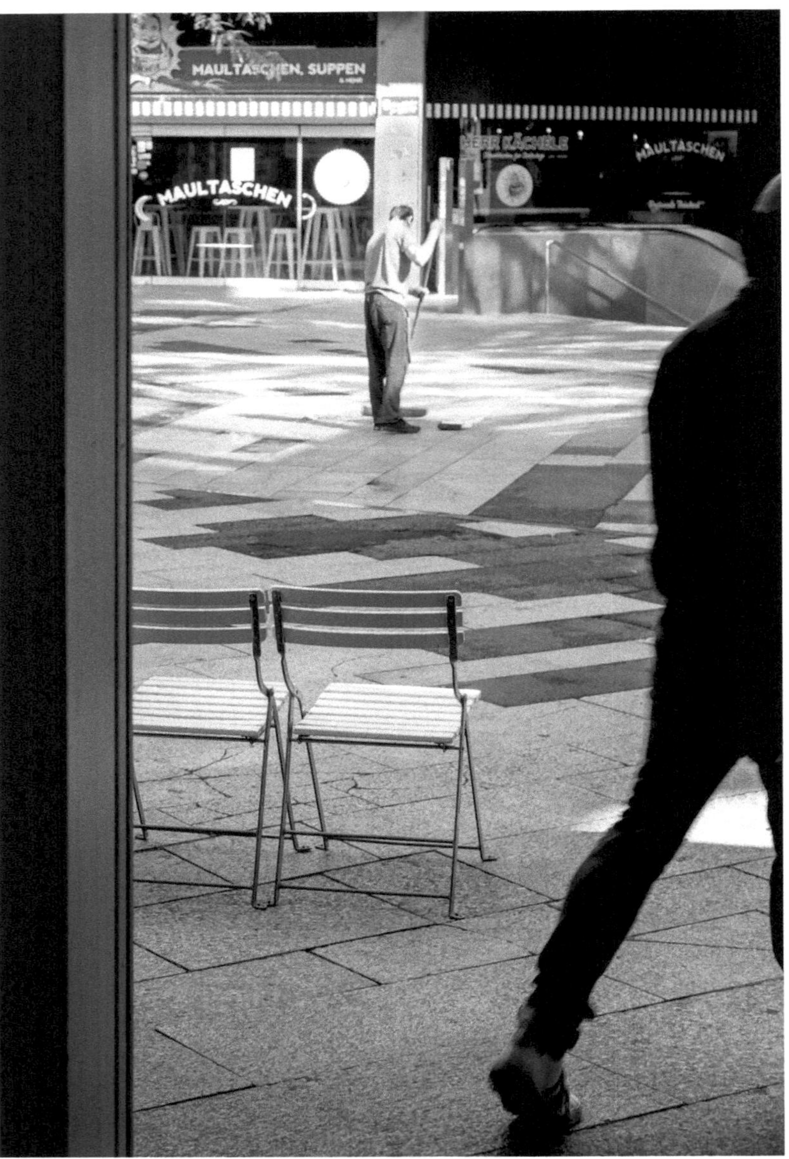
MAULTASCHEN, SUPPEN
MAULTASCHEN
MAULTASCHEN

Nichts ist praktischer als eine gute Theorie!

Die praktische Umsetzung von urbanen Stillleben ist insofern verhältnismäßig einfach, als das ausreichend Zeit für Bildkomposition und Einstellung der Kamera vorherrscht. Die Realisierung von Aufnahmen belebter Szenen ist demgegenüber erheblich anspruchsvoller.

Wichtig in jedem Fall ist, dass wir uns als Straßenfotograf auf Stimmung und Szene einlassen. Wir können einer Szene als stiller Beobachter beiwohnen. Aber räumliche Distanz führt zu inhaltlicher Distanz. Mit einer großen inhaltlichen Distanz wird es nicht gelingen, das Wesentliche einer Szene einzufangen.

Stimmung und Aufmerksamkeit

Gute Motive zu finden ist eine Frage des Beobachtens. Wir werden aber keine Motive finden, wenn wir sachlich, neutral und emotionslos in die Straße schauen und abwarten, was passiert. Es geht eben nicht um die sachliche Objektivität, sondern um die subjektive Stellungnahme zu den Dingen. Dazu ist ein hohes Maß an Aufmerksamkeit wichtig und diese erreichen wir dadurch, dass wir mit Kopf und Herz bei der Sache sind. Wir müssen Teil der Szene werden und dürfen nicht distanzierter Beobachter sein.

Ich rate es allen Fotografen, sich mitten ins Geschehen zu begeben und dieses auf sich wirken zu lassen. Das „Dabeisein“, das „Mittendrin-sein“ erzeugt eine zur Szene positive Stimmungslage und ist dadurch der Schlüssel zur aufmerksamen Beobachtung. (Aus genau diesem Grund, mache in den Theorieteil meiner Seminare auch nicht in einem sterilen Seminarraum, sondern mitten im pulsierenden Leben der Stadt).

Aufmerksamkeit und Stimmung sind natürlich nur der erste Schritt. Damit alleine ist noch kein Motiv gefunden. Motive kommen und gehen. Wir können keine guten Motive erzwingen. Eine regelmäßige Ausführung der Straßenfotografie hilft uns allerdings eine hohe Aufmerksamkeit zu erzielen. Wie von selbst werden dann dabei auch häufiger interessante Motive zu finden sein.

Das Finden von Motiven ist eine Seite der Medaille. Die andere Seite ist, das gefundene Motiv tatsächlich mit der Kamera festzuhalten.

Hier stehen wir Fotografen nun direkt vor zwei Herausforderungen. Die erste ist die Überwindung fremde Personen zu fotografieren, die zweite ist die sichere Beherrschung des fotografischen Handwerks.

Fremde Menschen zu fotografieren, bedarf einer gewissen Unverfrorenheit, insbesondere wenn deutlich ersichtlich ist, dass wir eine Aufnahme machen möchten. Hier kann ich nur den Rat geben, sich dieser Herausforderung zu stellen. Keine Lösung ist die Verwendung längere Brennweiten, um mehr räumliche Distanz zu unseren Protagonisten zu bekommen. Wir sollen die Brennweite immer passend zur Bildkomposition wählen und nicht um künstlich mehr Abstand zu erzeugen. Das würde auf jeden Fall zu einer schlechteren Bildkomposition und damit einer weniger intensiven Bildaussage führen. Wichtig ist, sich vor Augen zu halten, dass das Problem vor allem in unseren Köpfen existiert. Wenn wir freundlich, unerschrocken aber unaufdringlich unsere Fotos machen, werden wir erkennen, dass die fotografierten Personen oftmals gar nicht ablehnend reagieren.

Bezüglich einer korrekten handwerklichen Umsetzung der Aufnahmen ist vor allem der gezielte Einsatz der Schärfentiefe zu nennen. Gerade über die Auswahl einer geeigneten Blende können unsere Protagonisten herausgestellt werden oder eher die Szene im Allgemeinen betont werden. Bei schnelleren Bewegungen ist auf eine nicht zu kurze Belichtungszeit zu achten und bei Aufnahmen abends oder nachts ist zusätzlich der aktive Umgang mit der ISO-Einstellung zu beachten. Um der Flüchtigkeit der Szenen gerecht zu werden, ist es wichtig, sicher im Umgang mit Blende, Belichtungszeit, Auswahl der ISO-Einstellung und Handhabung der Kamera zu sein. Im Zweifelsfall ist eine gute Idee, sich mit der Thematik und in der Bedienung der Kamera daheim nochmals zu befassen.

Für die tatsächliche praktische Umsetzung der Aufnahme können folgende drei Vorgehensweisen hilfreich sein.

Die Selbstverteidigungslösung

Wir gehen unbestimmt und ohne konkretes Ziel und Vorhaben durch die Stadt. Dabei sind wir darauf vorbereitet spontan und schnell zu reagieren. Sobald wir eine spannende Szene entdecken, ergreifen wir schnell unsere Kamera und lösen aus.

Dieser Ansatz, der mich an die reflexartige Reaktion eines Karatekämpfers erinnert, ist in der Theorie wunderbar. Einzig in der Praxis wird es gewisse Probleme geben. Selbst der beste Fotograf ist zuweilen langsamer als das Motiv! Dennoch, die Kamera sollte griffbereit sein und der Fotograf sollte im „Beobachtungsmodus" sein. Griffbereit bedeutet auch, dass sinnvolle Voreinstellungen der Kamera bereits getätigt wurden. Eine geübte Kamerabeherrschung ist hier notwendig.

Im Prinzip gut aber nur bis zu einem gewissen Maß umsetzbar!

Der situative Ansatz

Der situative Ansatz ist sicherlich nicht so spektakulär, wie die Straßenfotografie insgesamt oftmals dargestellt wird. Aus meiner Sicht ist es aber die Vorgehensweise, die am meisten Spaß macht und auch in Summe am meisten gute Aufnahmen ergibt. Grundgedanke dieser Vorgehensweise ist, dass man sich zu einer spannenden Location begibt und dort zunächst beobachtet. Eine solche Location kann zielstrebig angesteuert werden, zum Beispiel dann, wenn es ein Fest oder einer Darbietung gibt. Nicht immer sind solche Situationen im Vorfeld bekannt und vielleicht ist es sogar am spannendsten sich ohne konkrete Vorstellungen auf den Weg zu machen und sich treiben zu lassen. Aufmerksam beobachtend lassen sich häufig lohnende Situation finden. Nun gehen wir dorthin, wo gerade etwas Besonderes passiert. Das kann zum Beispiel die Vorstellung eines Akrobaten sein, der Straßenverkäufer am Markt, das hektische Geschehen an der Straßenüberquerung. Das sollten Szenen sein, die uns als spannend erscheinen. Dann beobachten wir aufmerksam und versuchen die Situation zu verstehen. Was passiert genau? Was sind regelmäßig wiederkehrende Aktionen? Wir versuchen unsere Protagonisten zu erkennen und konzentrieren uns auf diese. Dann versuchen wir vorherzusehen, wann eine sich wiederholende Handlung auftreten wird und bereiten uns aktiv auf diese vor. Im richtigen Moment drücken wir ab.

Meine Empfehlung für alle Tage!

Der konzeptionelle Ansatz

Der konzeptionelle Ansatz ist dem situativen Ansatz nicht unähnlich. Der Unterschied ist, dass wir uns eine spannende Szene im Voraus vorstellen und uns dann bewusst dorthin begeben, wo wir diese Szene vorfinden werden.

Sich etwas im Voraus vorzustellen ergibt sich in der Praxis häufig so, dass man umherschweift und sich unbekümmert und ohne besonderem Vorhaben Dinge ansieht. Nun stellt man sich vor, wie es wäre, wenn eine Szene in etwas veränderter Art eintreten würde. Ich will das Prinzip mit einem Beispiel erläutern. Wir ziehen durch die Stadt und sehen eine Gruppe von Rauchern. Diese Gruppe hat für uns eine gewisse Attraktivität aufgrund des Verhaltens und der Kleidung der Personen. Nun stellen wir uns vor, wie die gleiche Szene wirken könnte, wenn die Gruppe vor einer Plakatwerbung einer Krankenversicherung, die für ein gesundes Leben wirbt, wirken würde. Nun haben wir die Idee eines planbaren Geschehens.

Wir gehen also dann zu diesem besonderen Ort, der unserem Motiv den Rahmen gibt. Wir konzipieren und planen das Motiv im Geiste im Voraus. Nun bauen wir in aller Ruhe die Kamera auf und warten ab. Sobald der Protagonist ins Bild tritt und quasi die Szene vollendet, lösen wir aus.

Hier benötigt man viel Vorstellungsvermögen. Der Erfolg ist allerdings sehr wahrscheinlich.

An dieser Stelle möchte ich gerne Eric Kim zitieren:

> "Street photography is 80% balls and 20% skills"

Das ist vielleicht eine sehr blumige Umschreibung aber es trifft die Situation im Kern. Straßenfotografie heißt auch, sich etwas zu trauen. In den meisten Fällen gilt es, sich selbst zu überwinden. Typischerweise limitieren nicht andere unsere Arbeit, sondern wir selbst. In diesem Sinne möchte ich noch Thomas Leuthards Empfehlung aussprechen:

Grow your balls!

Mein Verhaltenskodex für die Straßenfotografie

In Sachen Straßenfotografie haben viele Fotografen sehr unterschiedliche Auffassungen bezüglich der Rechtspraxis. Das muss jeder für sich selbst beurteilen.

Ebenso gibt es sehr unterschiedliche Vorgehensweisen beim Fotografieren. Es werden geschickte Methoden zum unbemerkten Fotografieren erörtert und sogar versteckte Kameras mit Fernauslöser propagiert. Wird man dennoch beim Fotografieren entdeckt, so hat man zuvor einen ganzen Katalog wirksamer Ausreden an die Hand bekommen, deren Einsatz empfohlen wird.

Ich will die Arbeitsweisen Anderer nicht kritisieren, für mich ist das aber nicht das Richtige. Ich habe eine andere Auffassung. Meiner Ansicht nach tun wir als Straßenfotograf nichts illegales, unseriöses oder verwerfliches und müssen uns deswegen nicht verstecken! Wir betreiben unser Hobby und setzen uns künstlerisch und anspruchsvoll mit der Fotografie auseinander. Dafür brauchen wir uns nicht zu schämen.

Wir versuchen den authentischen Augenblick festzuhalten. Wir werden Teil der Menge, verstecken uns aber nicht. Wenn wir gesehen werden, verhalten wir uns natürlich und beobachten unseren Protagonisten. Reagiert die Person ablehnend, machen wir kein Foto. Reagiert die Person zustimmend, machen wir ein Foto.

Verstecken, täuschen und fliehen verunsichert die fotografierte Person und alle anderen Personen gleich mit! Wir ziehen unser eigenes Handeln damit in den Schmutz!

Umgang mit Ablehnung

Meiner Erfahrung nach gibt es vielmehr vermutete Ablehnung in unserem Kopf, als in der Realität. Gehen wir offen und positiv an die Sache heran, wird uns auch zumeist offen und positiv begegnet.

Wirkt die fotografierte Person dennoch unsicher, gehen wir zu der Person hin und erklären uns. Die Wahrheit ist immer eine gute Erklärung! Hier sind Erklärungen und keine Ausreden hilfreich. Folgende Beispiele sollen eine Anregung geben:

- Ich bin Hobbyfotograf und fand die Szene spannend
- Ich nehme an einem Seminar teil
- Ich habe Sie fotografiert, weil ...

Personen haben weniger Angst davor fotografiert zu werden, als vielmehr Angst davor, auf dem Foto unvorteilhaft auszusehen. Diese

Angst können wir natürlich nehmen, indem wir das Foto auf dem Display zeigen. Wir bieten auch sehr gerne die Zusendung des Fotos an oder löschen es auf Wunsch!

Umgang mit Zustimmung

Aber was ist, wenn es gar keine ablegende Haltung gibt? Wirkt die fotografierte Person neutral oder zustimmend, haben wir natürlich weitere Optionen. Wollen wir nur ein Foto machen, ist nun alles in Ordnung. Aber was, wenn wir das Foto veröffentlichen wollen? Nun sollten wir uns sachlich die Frage stellen, ob eine konkludierte Zustimmung erkennbar war. Falls ja, können wir veröffentlichen. Soll das Foto in größerem Stil veröffentlicht werden (Zeitschrift, Werbung, Ausstellung) empfehle ich eine schriftliche Vereinbarung.

Viele Menschen mögen es, fotografiert zu werden. Aber bitte sorgsam mit den Interessen anderer umgehen!

Ein paar praktische Details

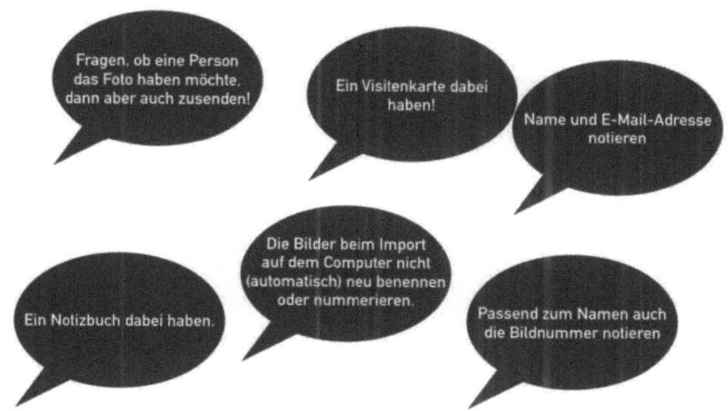

Wer willst du sein?

Bist du der Fotograf, der sich heimlich im Hintergrund bewegt, bei Entdeckung flieht und Anderen vermittelt, dass er etwas Schlechtes tut?

Oder bist Du der Fotograf, der freundlich und offen Teil der Gruppe ist - den man kennt, weil er oft da ist und die Menschen ihm vertrauen?

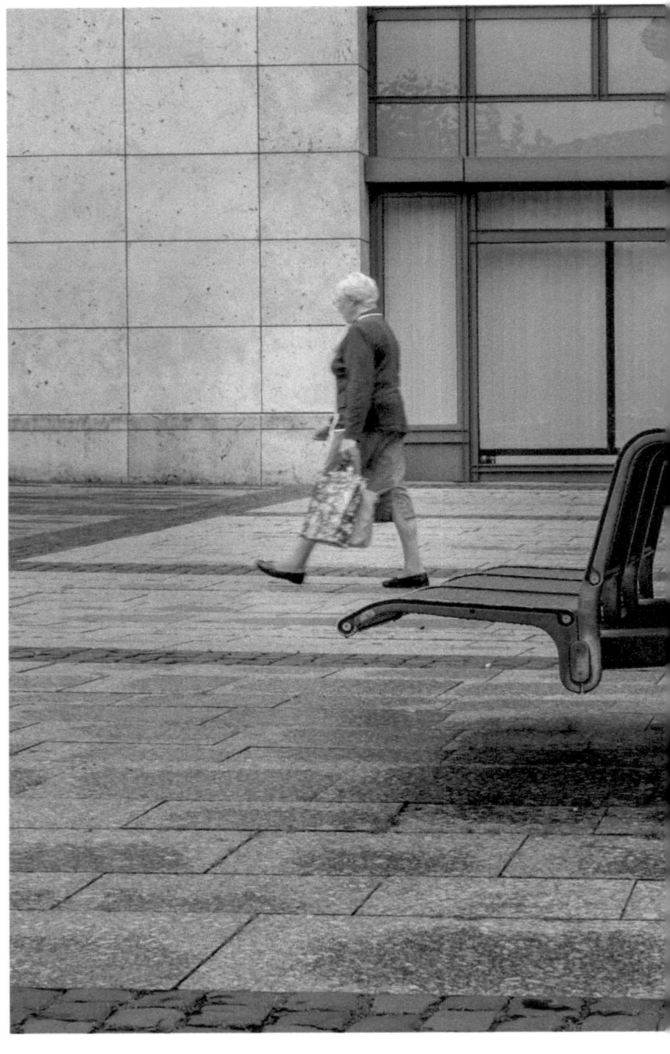

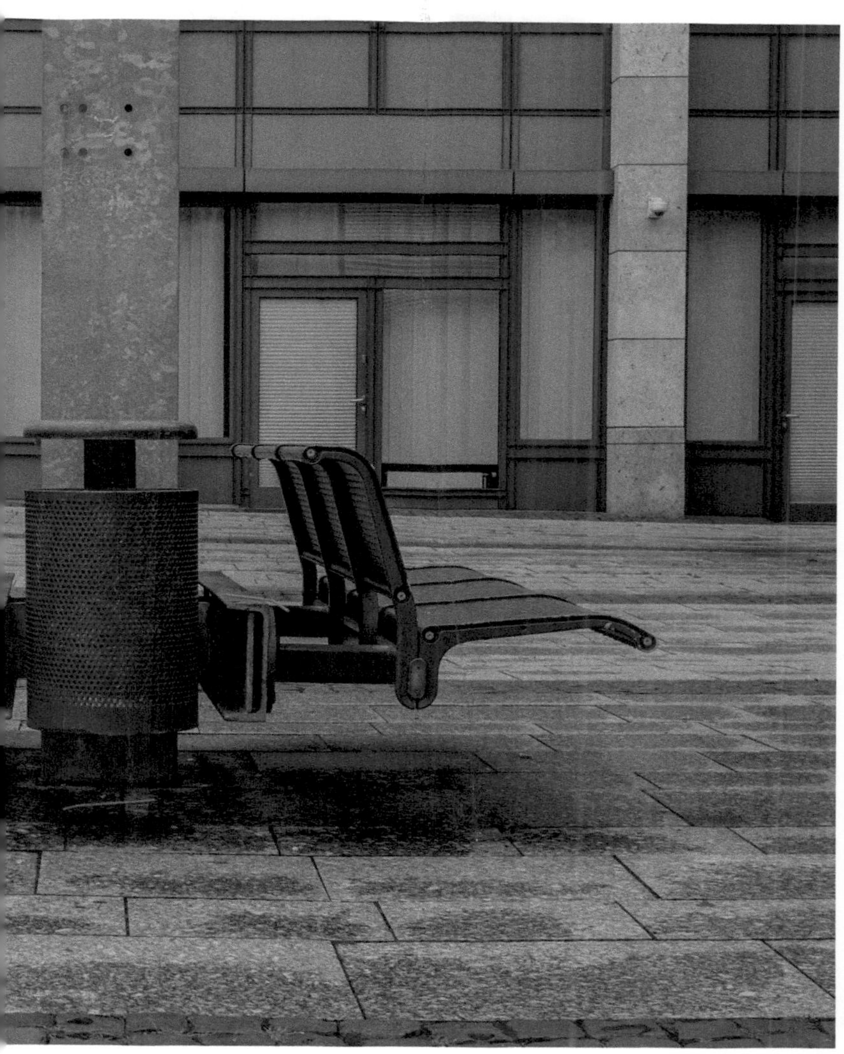

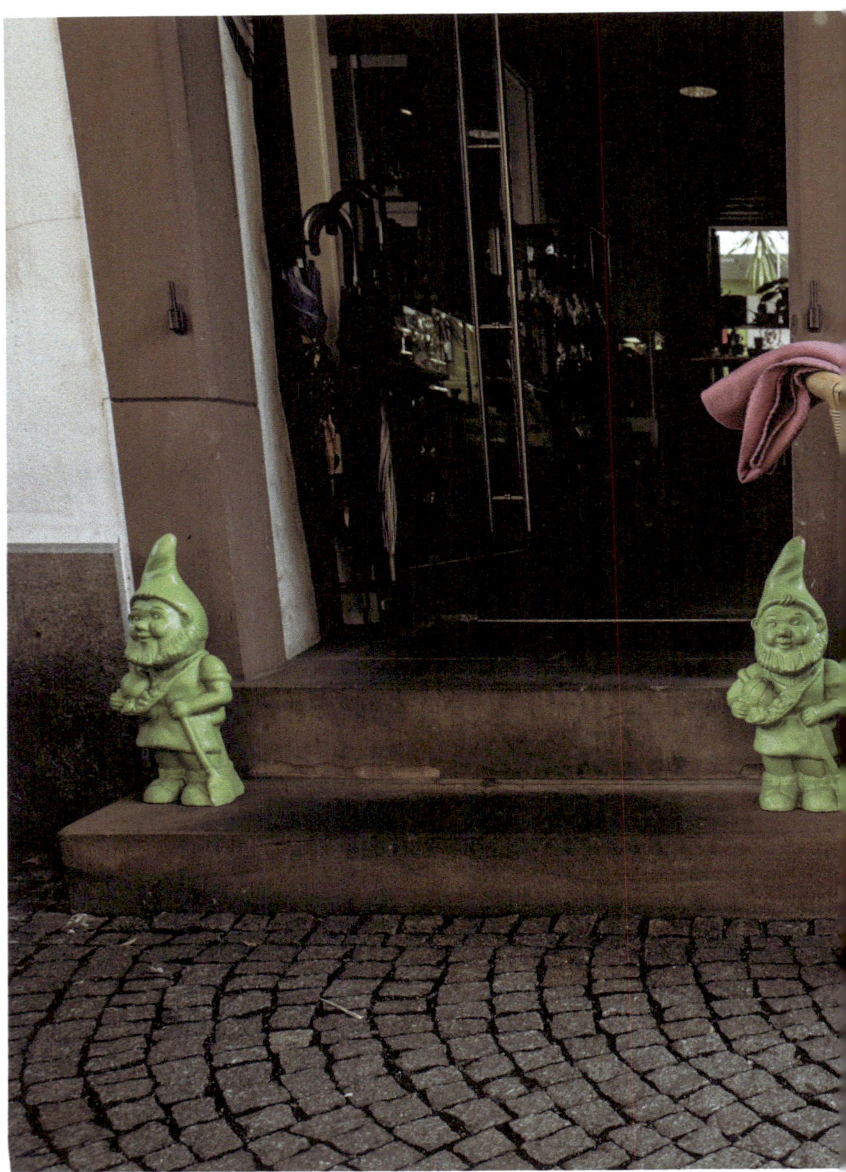

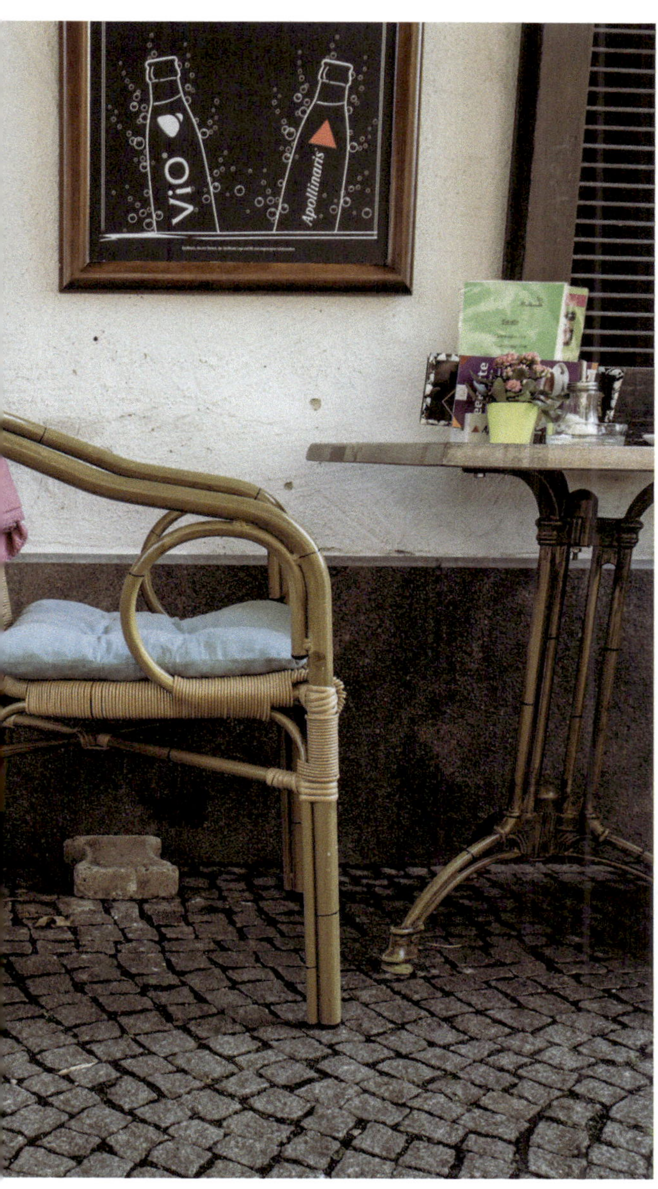
ViO
Apollinaris

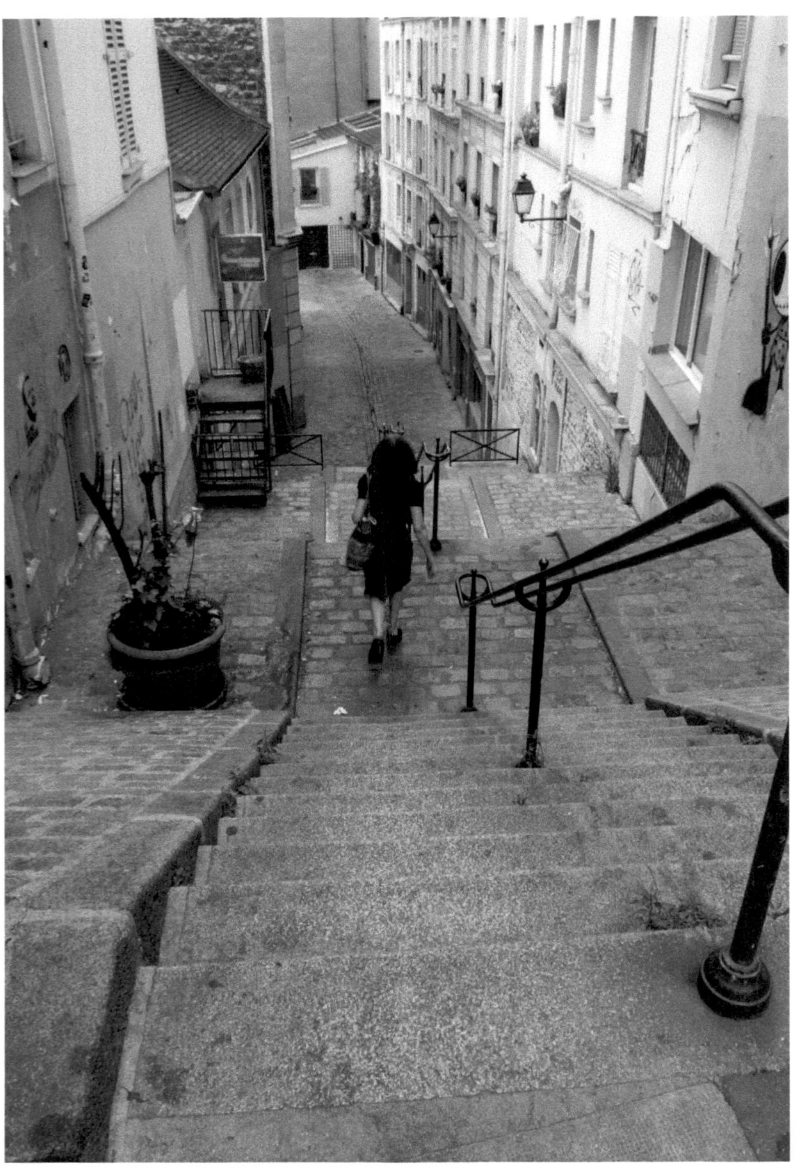

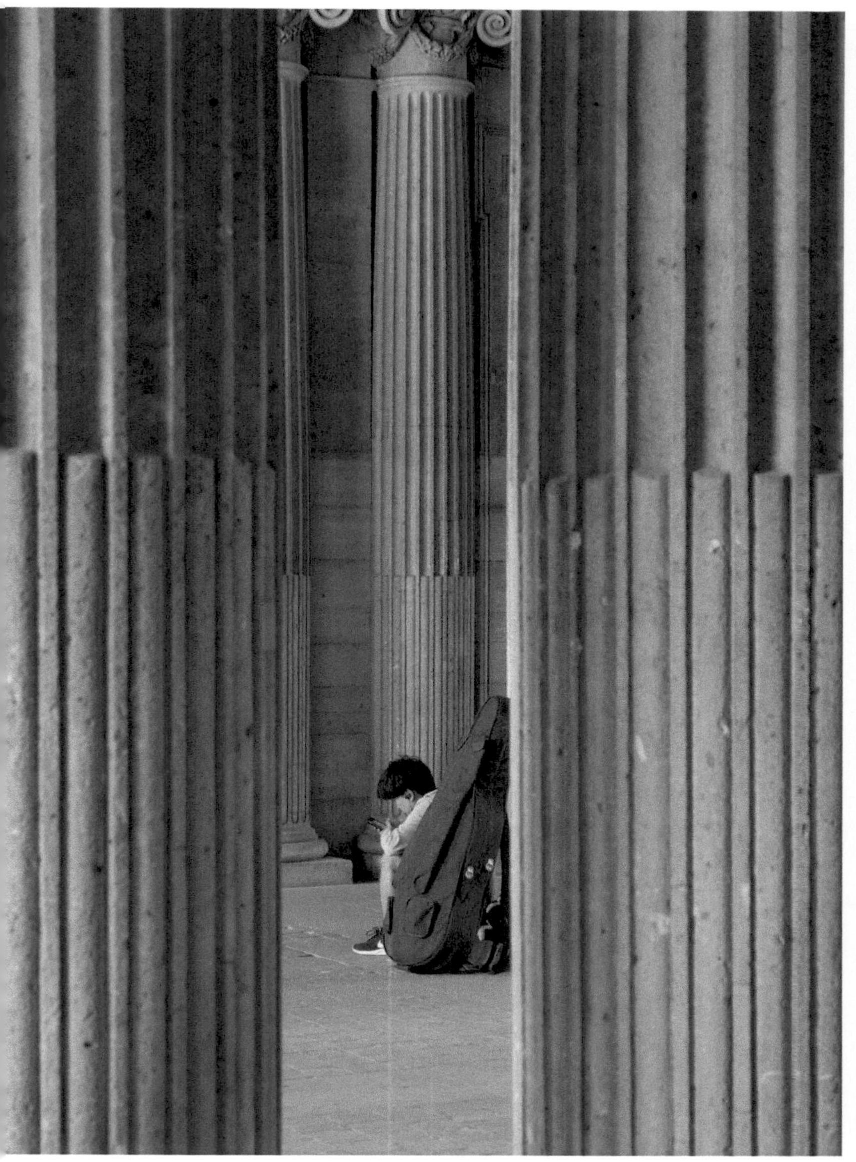

Informatives zu Kamera und Ausrüstung

Die wahrscheinlich am häufigsten gestellte Frage ist, ob eine bestimmte Kamera überhaupt geeignet ist oder ob vielleicht eine neue Kamera angeschafft werden muss. Im Grunde stellt sich diese Frage gar nicht. Unsere Aufgabe heißt „sehen lernen“ und weniger "Foto machen". Die beste Kamera ist immer die, die gerade dabei ist.

Welche Kamera?

Im Prinzip, sind alle Kameras geeignet! Der Markt bietet heute eine Vielzahl an Kameratypen an. Die Bandbreite geht von Kompaktkameras über Bridgekameras bis zu komplexeren Systemkameras und endet mit digitalen Spiegelreflexkameras oder sogar professionellen Mittelformatkameras. Die Frage der Qualitätsklasse wird durch den eigenen Anspruch beantwortet. Jede Kamera, deren Bilder dem Fotografen in Bezug auf Auflösung etc. grundsätzlich genügt, ist auch für die Straßenfotografie geeignet.

Es gibt natürlich einige vorteilhafte Eigenschaften. So bietet sich zum Beispiel eine unauffällige Kamera an. Diese erschreckt vielleicht die Personen der Szene nicht so leicht. Ebenso macht es mehr Spaß ein leichte Kamera einen ganzen Tag lang durch die Stadt zu tragen, als eine schwere. Diese Eigenschaften werden sehr gut von Systemkameras erfüllt.

Wer also eine Systemkamera hat, sollte sich mit dieser in der Straßenfotografie versuchen.

Viele der typischen Motive verlangen uns Straßenfotografen eine hohe Reaktionsgeschwindigkeit ab. Entsprechend sollte die Kamera auch schnell auslösebereit sein. Ein schneller Autofokus kann durchaus von Vorteil sein. Ein weiterer Gesichtspunkt ist die Rauschneigung des Sensors. In der Straßenfotografie werden viele Aufnahmen bei geringem Licht getätigt. Dazu wird häufig ein höherer ISO-Wert benötigt. Prinzip bedingt haben sogenannte Vollformatkameras hier ihre Vorzüge.

Ein Punkt, der nicht unterschätzt werden soll, ist die Wetterfestigkeit des Systems. Spritzwassergeschützte Kameras und Objektive bieten im Regenwetter klare Vorteile.

Letztlich sind dies nur einige Gedanken und grundsätzliche Überlegungen zur Auswahl der Kamera. Geeignet sind alle Kameras und aus meiner Sicht, sollte das Thema nicht zu groß diskutiert werden. Ich diesem Zusammenhang möchte ich durchaus anregen, auch das Smartphone als Kamera zu nutzen. Sie werden überrascht sein, wie gut mit einem modernen Smartphone gearbeitet werden kann.

Welche Brennweite?

Auch hier gibt es weder Regeln noch feste Vorgaben. Zu verwenden ist das Objektiv, das man gerade hat.

Die Auswahl der Brennweite sollte sich aber an folgenden Grundüberlegungen orientieren:

Kürzere Brennweiten verstärken den Eindruck, dass der Fotograf Bestandteil der Szene ist. Längere Brennweiten zeigen die Szene aus Sicht eines unbeteiligten Beobachters. Für typische Straßenszenen eigen sich Brennweiten zwischen 35 mm und 50mm, bezogen auf Vollformatkameras (Crop-Faktor 1), optimal.

Für Portraits möchte man etwas mehr Abstand zur Person haben und auch eine schöne Freistellung der Person erzielen. Hier ist ein leichtes Tele von etwa 85 mm, bezogen auf Vollformatkameras, optimal.

Grundsätzlich sind Festbrennweiten vorzuziehen. Dafür sprechen viele Gründe. Bei vergleichbarer optischer Leistung ist der Anschaffungspreis von Festbrennweiten deutlich geringer als von Zoom-Objektiven. Natürlich gibt es viele sehr preiswerte Zoom-Objektive. Deren optische Leistung ist aber geringer als die üblicher Festbrennweiten. Die Lichtstärke von Zoom-Objektiven geht selbst bei sehr guten Optiken selten über Blende 2.8 hinaus. Preisgünstige Festbrennweiten bieten Blende 1.8 - gute Festbrennweiten gehen typischerweise bis Blende 1.4 oder sogar Blende 1.2. Das bietet natürlich viel Reserven bei wenig Licht und gestattet auch eine sehr schöne Gestaltung mit Unschärfe.

Festbrennweiten sind auch für Anfänger besser geeignet. Mit ein wenig Routine weiß man sehr schnell, welchen Abstand zum Objekt gewählt werden muss, um dieses optimal im Motiv zu platzieren. Mit Zoom-Objektiven wird der sinnvolle Abstand häufig ignoriert, weil man durch Zoomen diesen kompensieren kann. Dabei wird aber gerne missachtet, dass sich durch das Zoomen auch der Bildwinkel und dadurch die Bildkomposition ändert.

Welche Fokuseinstellung

Im Prinzip bieten sich drei Alternativen an:

- Manueller Fokus
- „Halbautomatischer" Fokus. Also Autofokus mit nur einem Messpunkt
- "Vollautomatischer" Fokus. Also Autofokus mit automatischer Messpunktauswahl

Ich selber nutze alle drei Alternativen – jeweils passend zur Aufnahmesituation.

Halbautomatischer Fokus

Das ist sowas wie meine „Brot & Butter" Einstellung. Ich verschiebe den Messpunkt auf das relevante Objekt und löse aus.

Vollautomatischer Fokus

Es gibt Aufnahmen, die ich auf Bodenhöhe oder über Kopf mache. In diesen Fällen kann ich nicht durch den Sucher schauen. Oftmals kann ich dann auch auf dem Kameradisplay nichts erkennen, weil zum Beispiel die Sonne blendet, und kann deswegen den Lifeview nicht nutzen. In diesen Fällen lasse ich die Kamera automatisch den Messpunkt wählen.

Manueller Fokus

Einige Kameras fokussieren zu langsam, als dass man bei der Aufnahme passend zu einer bestimmten Bewegung auslösen könnte. Das führt beispielsweise dazu, dass mit dem Autofokus eine bestimmte Beinstellung innerhalb eines Schritts einer vorbeischreitenden Person nicht festgehalten werden kann. In diesen Fällen kann die manuelle Fokussierung genutzt werden. Das heißt, man fokussiert im Voraus und wartet, bis die Person ins Bild tritt. Dann löst man aus, ohne neu zu fokussieren. Die Kamera arbeitet dabei sehr schnell.

Alternativ zu diesem Vorgehen kann auch im Voraus halbautomatisch fokussiert werden und die Fokussierung mit der AF-L Taste gespeichert werden. Auch in diesem Fall fokussiert die Kamera nicht neu bei der Auslösung.

Welche Belichtungsautomatik?

Auch hier bieten sich wieder drei alternative Möglichkeiten an:

- Die Blendenvorwahl (also Zeitautomatik)
- Die Zeitvorwahl (also Blendenautomatik)
- Die Vollautomatik (als Programmfunktion)
- Der rein manuelle Modus ist für die Straßenfotografie nicht optimal.

Blendenvorwahl

Die Blendenvorwahl ist die Belichtungssteuerung der Wahl, wenn die Ausdehnung der Schärfentiefe das wichtige Gestaltungskriterium ist. In diesem Fall wird zunächst abgewogen, welche Distanz im Bild scharf dargestellt wird. Dazu passend wird dann die Blende eingestellt. Bei der Auslösung wählt die Kamera dann automatisch eine geeignete Belichtungszeit.

Zeitvorwahl

Die Zeitvorwahl sollte verwendet werden, wenn die Belichtungszeit ein relevantes Gestaltungskriterium ist. Das ist zum Beispiel dann der Fall, wenn schnelle Bewegungen bewusst eingefroren werden sollen oder anders herum, wenn Bewegungen bewusst verwischt werden sollen. Für eine solche Szene wird dann wiederum zunächst eine sinnvolle Belichtungszeit überlegt und an der Kamera eingestellt. Zum Zeitpunkt der Auslösung wählt die Kamera dann automatisch die passende Blende.

Programmautomatik

Die Programmautomatik steuert selbstständig sowohl die Belichtungszeit, wie auch die Blende. Das bedeutet, dass der Fotograf nicht bewusst Einfluss auf die Ausdehnung der Schärfentiefe oder die Belichtungszeit nehmen kann. Einige Kameramodelle erlauben die manuelle Auswahl von Zeit/Blenden-Kombinationen innerhalb der Automatik oder bieten verschiedene Programme mit unterschiedlicher Betonung von Zeit oder Blende an. Meiner Auffassung nach ist aber der Sinn der Programmautomatik, sich nicht mit der Belichtungssteuerung befassen zu müssen. In diesem Sinn sollte Programmautomatik auch Vollautomatik bedeuten.

Meine Empfehlung

Ich selber arbeite in den meisten der Fälle mit der Blendenvorwahl. Ich möchte aber insbesondere Anfängern empfehlen, die Kamera im vollautomatischen Modus zu betreiben. Ich halte es für viel wichtiger, sich konsequent mit der aufmerksamen Beobachtung zu befassen und „sehen zu lernen", als einen großen Teil seiner Aufmerksamkeit auf die Kameraeinstellungen zu lenken. Sobald man sich sicher mit der Kamera zurechtfindet, kann man immer noch auf einen halbautomatischen Modus wechseln.

Startwort

Über die Straßenfotografie könnte noch sehr viel gesagt werden. Über die Straßenfotografie wurde auch bereits sehr viel in vielen Büchern gesagt. Alle diese Bücher sind lesenswert. Keines der Bücher ersetzt die eigene Praxis.

Also vergessen Sie die alten Meister, kümmert Sie sich nicht um die Szenefotografen der Gegenwart. Gehen Sie raus auf die Straßen, beobachten Sie aufmerksam und lernen Sie zu sehen. Finden Sie ihre eigenen Themen und üben Sie diese zu fotografieren.

Viel Spaß bei der Straßenfotografie.

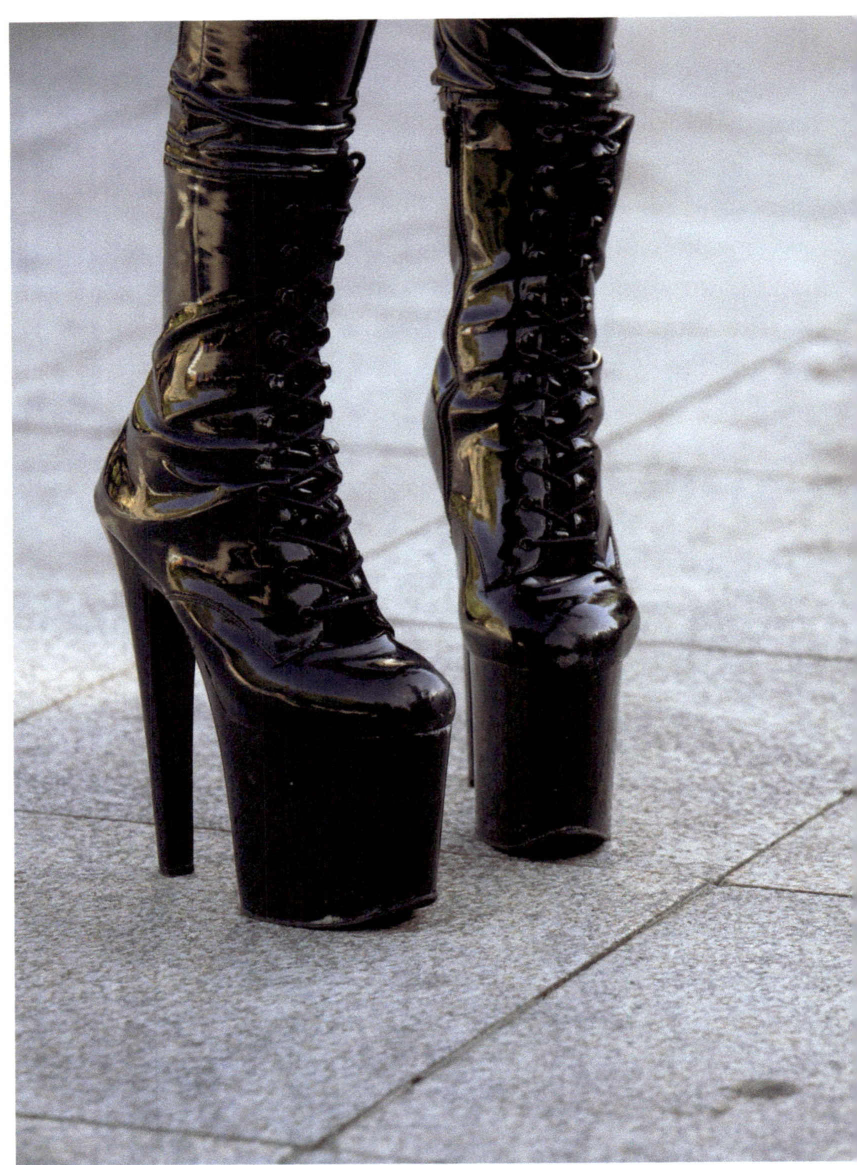

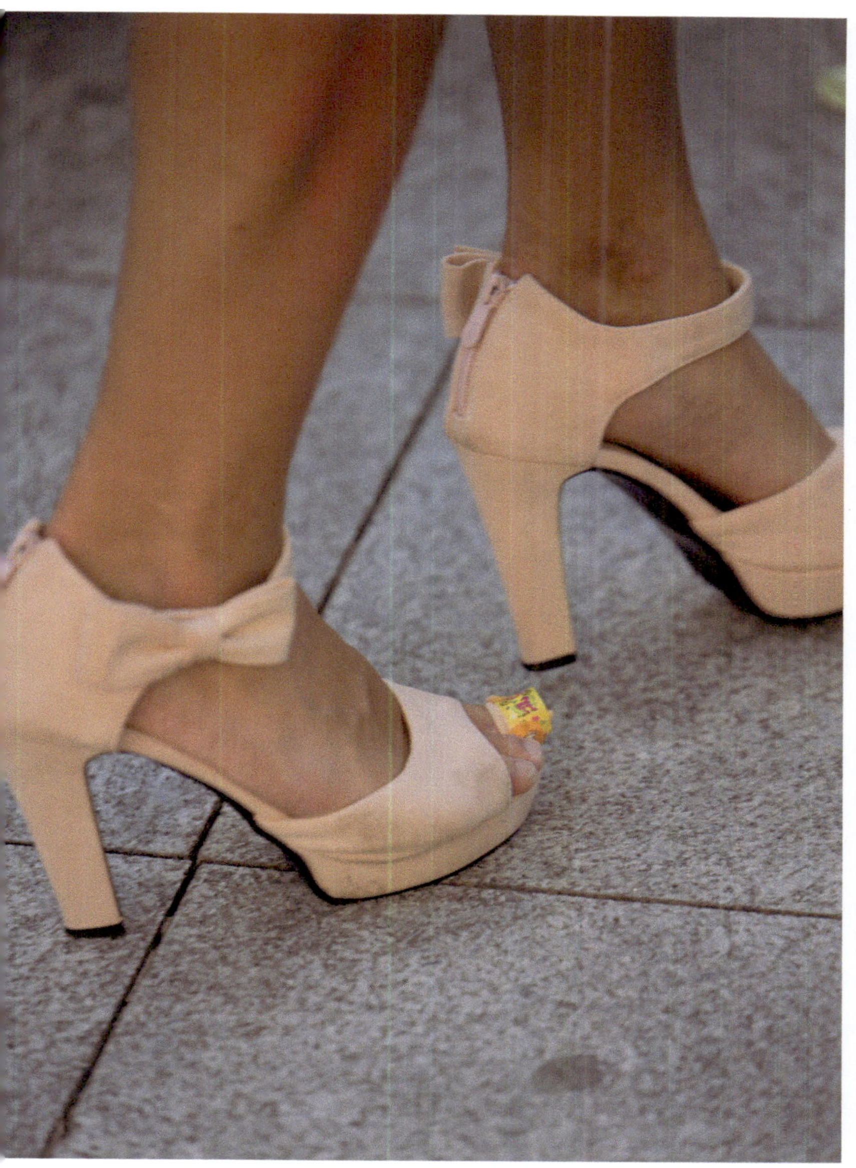

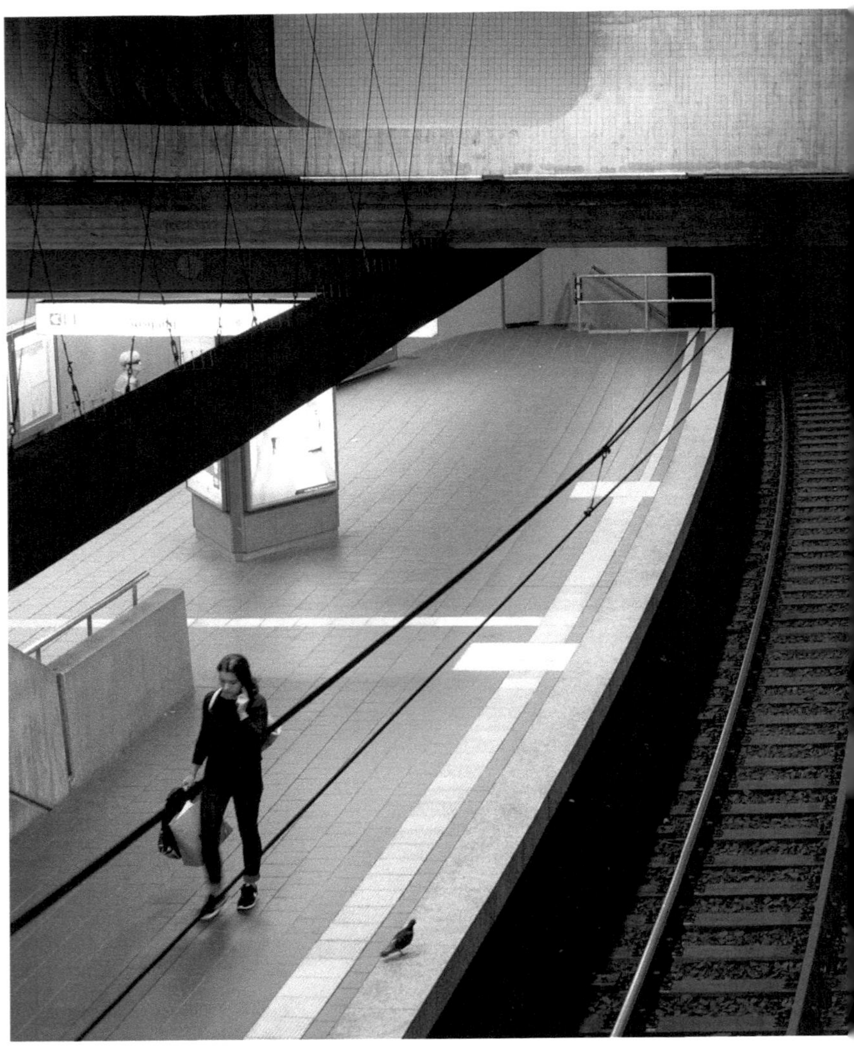

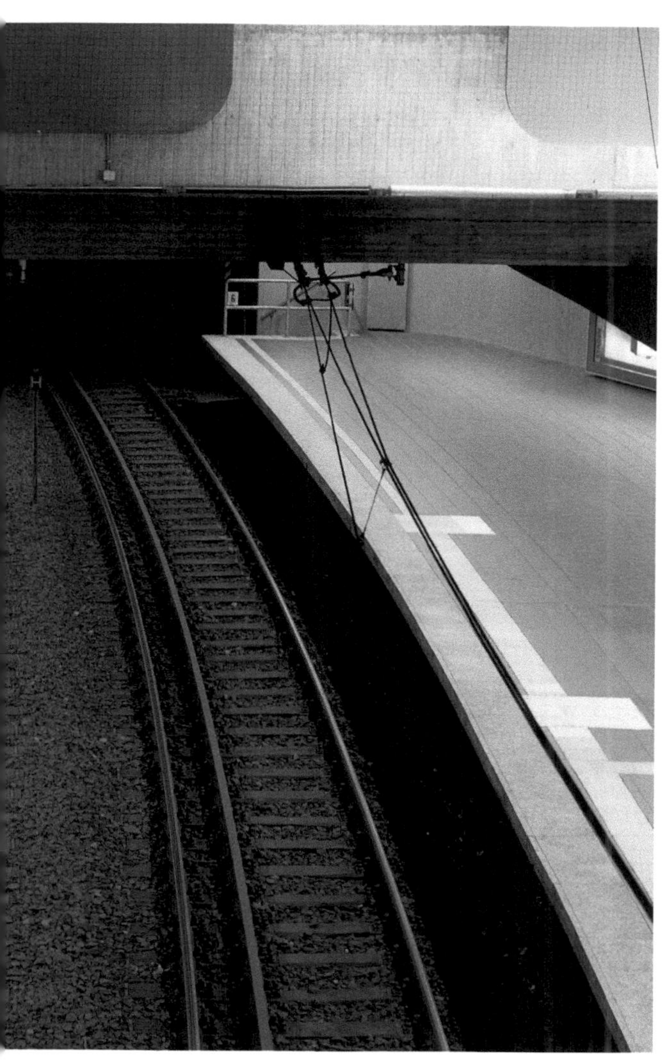

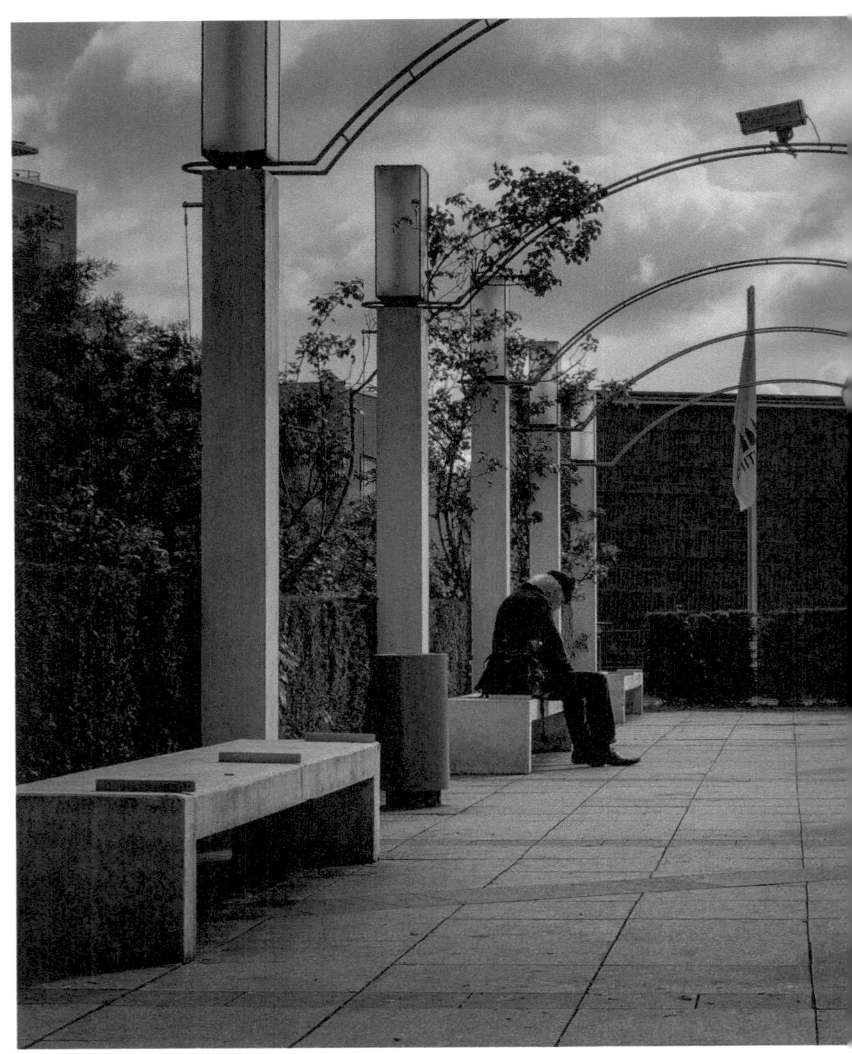

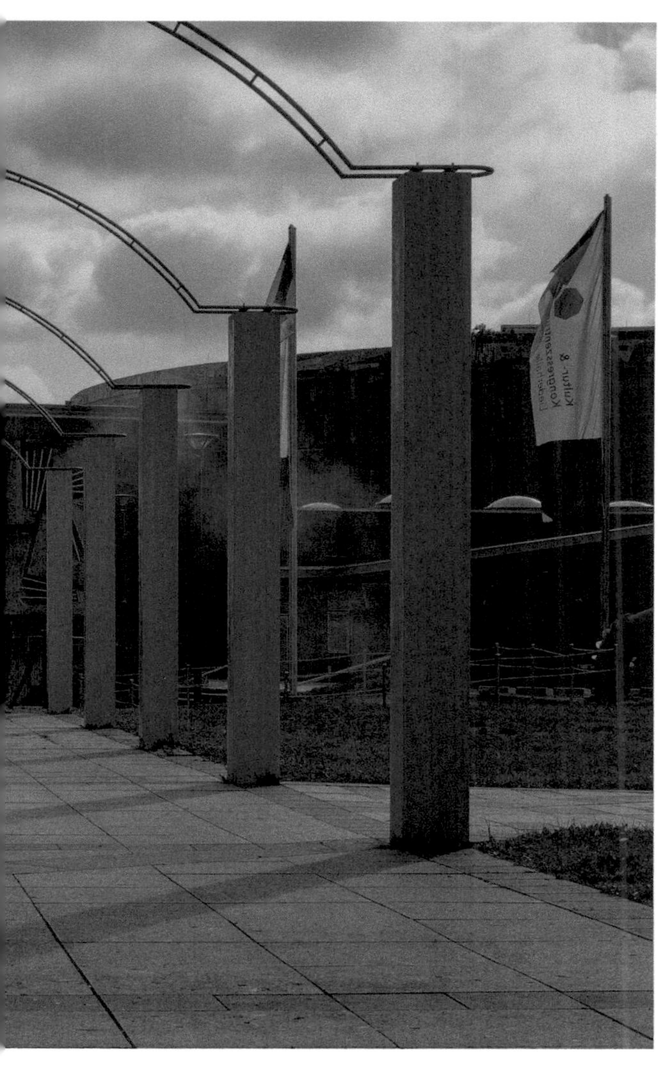

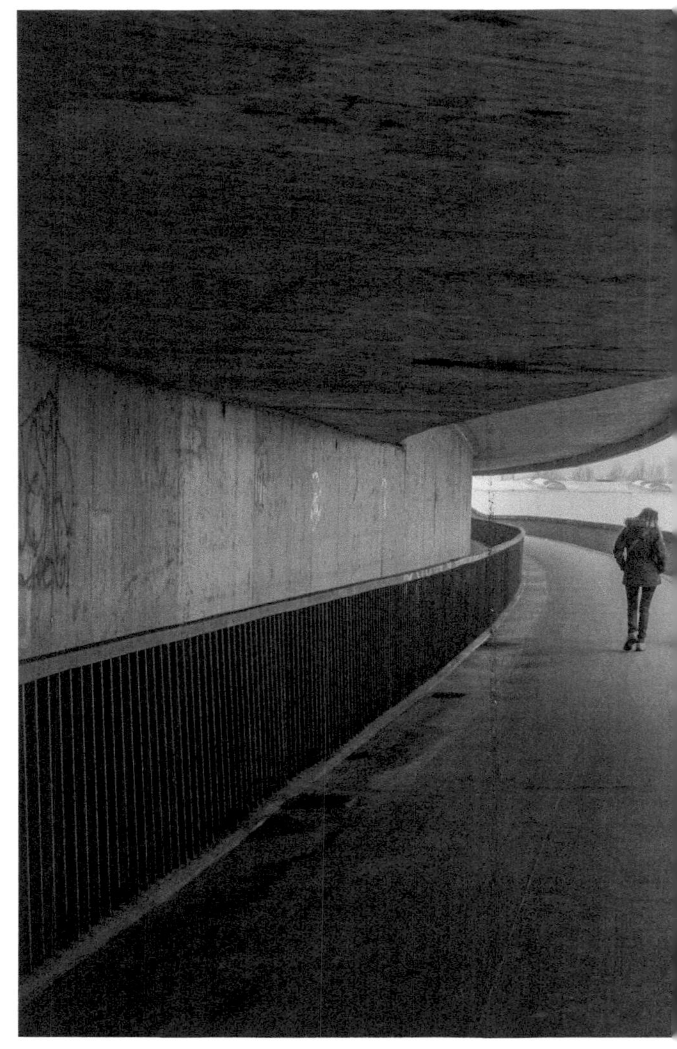

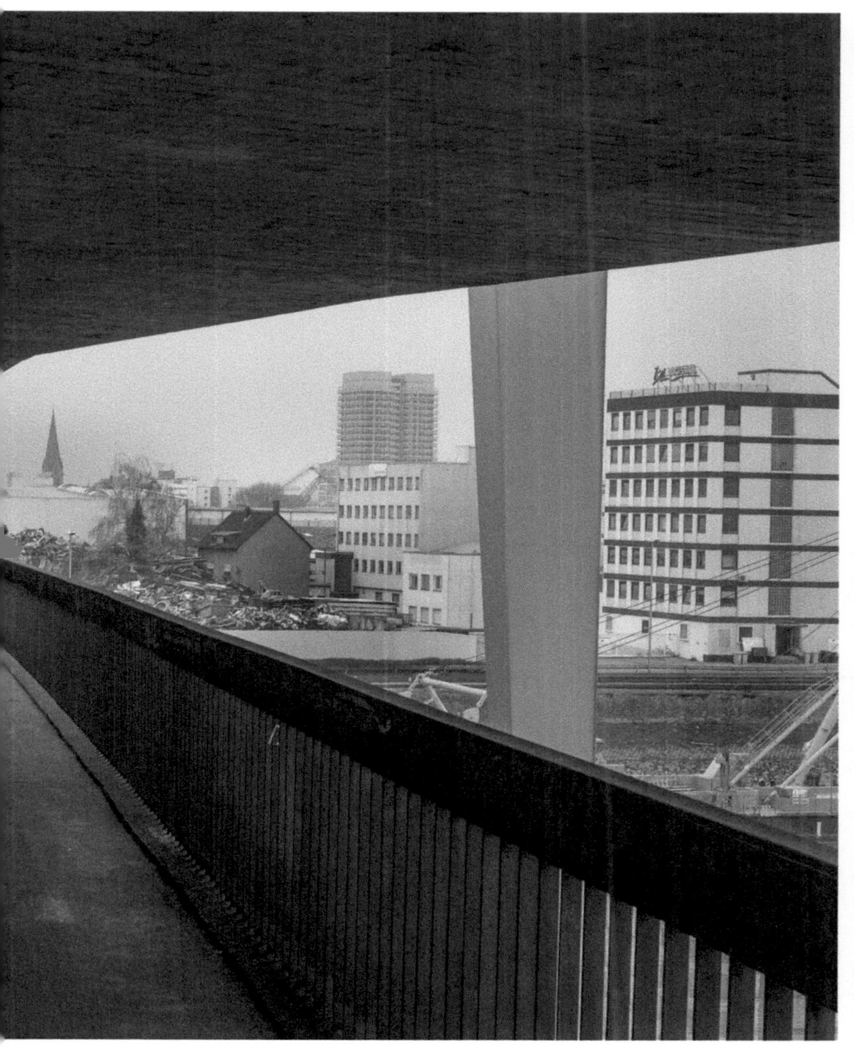